BIOLOGIE HEUTE SII

entdecken

ARBEITSHEFT

Zellbiologie

Stoffwechsel

Schroedel

Biologie heute entdecken SII
Arbeitsheft

Zellbiologie
Stoffwechsel

Bearbeitet von
Dr. Michael Kampf
Antje Starke (Hrsg.)
Gisela Telgmann

In Teilen ist dieses Werk eine Bearbeitung von Biologie heute entdecken, Lehrermaterialien für die SII
Teil 1, 978-3-507-10570-6
von Biologie heute, Arbeitshefte für die SII
978-3-507-10592-8
978-3-507-10593-5

Druck A[15] / Jahr 2025
Alle Drucke der Serie A sind im Unterricht parallel verwendbar.

Die Seiten dieses Produkts bestehen zu 100 % aus Altpapier.

Damit tragen wir dazu bei, dass Wald geschützt wird, Ressourcen geschont werden und der Einsatz von Chemikalien reduziert wird. Die Produktion eines Klassensatzes unserer Arbeitshefte aus reinem Altpapier spart durchschnittlich 12 Kilogramm Holz und 178 Liter Wasser, sie vermeidet 7 Kilogramm Abfall und reduziert den Ausstoß von Kohlendioxid im Vergleich zu einem Klassensatz aus Frischfaserpapier. Unser Recyclingpapier ist nach den Richtlinien des Blauen Engels zertifiziert.

Bildquellen:
|Atelier tigercolor Tom Menzel, Scharbeutz/Klingberg: 7.1, 8.6, 8.5, 8.4, 8.3, 8.2, 8.1, 9.1, 12.1, 13.1, 17.6, 17.5, 17.4, 17.3, 17.2, 17.1, 21.2, 21.1, 22.1, 26.4, 26.3, 26.2, 26.1, 29.3, 29.2, 29.1, 30.1, 31.6, 31.5, 31.4, 40.6, 40.5, 40.2, 40.4, 40.3, 55.2, 55.1, 62.2, 62.1, 62.5, 62.4, 62.3, 65.4, 65.3, 65.2, 65.1. |Biermann-Schickling, Birgitt, Hannover: 8.7, 11.1, 12.8, 12.7, 12.6, 12.5, 12.4, 12.3, 12.2, 16.6, 16.4, 18.3, 18.2, 18.1, 19.6, 19.5, 19.4, 19.3, 19.2, 19.1, 22.4, 22.3, 22.2, 23.4, 23.3, 34.1, 39.2, 39.1, 40.1, 41.2, 41.1, 47.4, 47.3, 47.2, 59.2, 59.1, 64.2, 64.1. |Carl Zeiss Microscopy GmbH, München: 5.5. |Digital Vision Ltd., London: Ammann Titel, 1.1. |Janssen Kahlert Design & Kommunikation GmbH, Hannover: Titel, 1.2, 69.4. |Karnath, Brigitte, Wiesbaden: 12.10, 12.9, 13.2, 14.1, 15.2, 15.1, 16.1, 18.4, 19.7, 24.3, 24.2, 24.1, 25.3, 25.2, 25.1, 28.1, 32.5, 32.4, 32.3, 33.3, 33.1, 33.2, 42.2, 42.1, 43.1, 44.2, 44.1, 48.1, 49.1, 50.1, 52.1, 56.1, 57.4, 57.3, 57.2, 57.1, 60.1, 61.3, 61.2, 61.1, 67.1, 68.2, 68.1. |Lüddecke, Liselotte, Hannover: Titel, 1.3, 5.2, 5.1, 6.4, 6.3, 6.2, 6.1, 10.2, 10.1, 23.2, 23.1, 26.5, 27.3, 27.2, 27.1, 32.2, 32.1, 35.2, 35.1, 36.1, 37.1, 45.4, 45.3, 45.2, 45.1, 53.3, 53.8, 53.7, 53.6, 53.5, 53.4, 53.1, 53.2, 63.4, 63.3, 63.2, 63.1, 66.2, 66.1. |OKAPIA KG - Michael Grzimek & Co., Frankfurt/M.: NAS/Biophoto Associates 16.2. |Picture-Alliance GmbH, Frankfurt a.M.: KPA / HIP 5.4. |Science Photo Library, München: HOWARD VINDIN, THE UNIVERSITY OF SYDNEY 0, 31.3; National Institutes of Health 0, 31.1; SPL/STEVE GSCHMEISSNER 31.2. |Tonn, Dieter, Bovenden-Lenglern: 5.3. |Wissenschaftliche Film- und Bildagentur Karly, München: Prof. Dr. G. Wanner 47.1; Prof. Dr. Gerhard Wanner 5.6, 16.5.

Redaktion: Ulrike Wallek
Illustrationen: Birgitt Biermann-Schickling, Brigitte Karnath, Liselotte Lüddecke, Tom Menzel
Umschlaggestaltung: Janssen Kahlert Design & Kommunikation GmbH
Satz: O&S Satz GmbH, Hildesheim
Druck und Bindung: Westermann Druck GmbH, Georg-Westermann-Allee 66, 38104 Braunschweig

ISBN 978-3-507-**10564**-5

Erschließungsfelder

Die einzelnen Erschließungsfelder helfen Ihnen, grundlegende biologische Prozesse und wesentliche Merkmale aller Organismen zu verstehen. Diese Leitlinien können auch auf neue Sachverhalte übertragen werden, sodass man sich wesentliche Inhalte selbst erschließen kann. Um die Erschließungsfelder sicher anwenden zu können, sollte man ihre Inhalte kennen.
Je nach Bundesland haben sich für diese Felder verschiedene Begriffe eingebürgert. So findet man als Synonyme auch die Begriffe **Basiskonzept** oder **biologisches Prinzip**. Strukturierung und Inhalte ähneln sich jedoch stark.

Vielfalt/Variabilität: Alle Individuen einer Art zeigen mehr oder weniger große Unterschiede in der phänotypischen Merkmalsausprägung. Man unterscheidet genetische Vielfalt durch Mutation und Rekombination von nichtgenetisch bedingter Variabilität durch Modifikation. Variabilität ist die Grundlage für das Ansetzen weiterer Evolutionsfaktoren.

Struktur und Funktion: Zwischen dem Bau und den Leistungen eines Organismus besteht ein enger Zusammenhang. Dieser kann auf unterschiedlichen Ebenen wie der morphologischen, anatomischen, zellulären bis hin zur molekularen Ebene eine Rolle spielen.

Angepasstheit: Lebewesen besitzen vielfältige, genetisch bedingte Merkmale, die ihnen das Leben unter den Umweltbedingungen eines bestimmten Lebensraumes ermöglichen. Diese Merkmale sind durch evolutionäre Prozesse in Auseinandersetzung des Organismus mit einer sich mehr oder weniger verändernden Umwelt entstanden. Angepasstheit wird also durch Variabilität ermöglicht und durch Selektion bewirkt.

Fortpflanzung: Fortpflanzung (Reproduktion) ist ein Merkmal aller Lebewesen. Sie dient der Sicherung der Kontinuität durch die Weitergabe der genetischen Information und ist Grundlage der Variabilität. Man unterscheidet ungeschlechtliche (vegetative) und geschlechtliche (generative) Fortpflanzung.

Wechselwirkung: Wechselwirkungen sind Ursache-Wirkungs-Beziehungen. Dabei kommt es zur gegenseitigen Beeinflussung, Vorgänge können gefördert oder gehemmt werden. Diese wechselseitigen Beziehungen gibt es auf verschiedenen Ebenen in molekularen und zellulären Systemen aber auch in Organismen, Populationen oder im Ökosystem.

Information: Information beschreibt die Fähigkeit zum Austausch von Botschaften bei lebenden Systemen auf unterschiedlichen Ebenen. Dabei findet sowohl intrazelluläre als auch interzelluläre Kommunikation statt. Darüber hinaus erfolgt ein Informationsaustausch zwischen Individuen und Umwelt beziehungsweise zwischen Individuen selbst. So entsteht die Grundlage für Verhalten.

Ebene/Kompartimentierung: Komplexe biologische Systeme sind immer aus kleineren und einfacheren Strukturen zusammengesetzt. Diese Stufen bezeichnet man als Ebene. Man unterscheidet zum Beispiel die Ebenen Biosphäre/Ökosystem/Population/Organismus/Organsystem/Organ/Gewebe/Zelle/Zellorganell/Molekül/Atom. Dabei bestehen lebende Systeme aus abgegrenzten Reaktionsräumen.

Stoff und Energie: Stoff- und Energiewechsel sind Grundlage des Lebens. Dabei werden Stoffe und Energie ständig aus der Umwelt aufgenommen, im Organismus umgewandelt und in anderer Form wieder abgegeben. Die Aufnahme solcher Stoffe und ihre Verarbeitung zu körpereigenen Stoffen wird als Assimilation zusammengefasst. Der Abbau von Stoffen zum Zweck der Energiebereitstellung ist die Dissimilation. Beide Teilprozesse sind durch den Intermediärstoffwechsel miteinander verknüpft.

Regulation: Organismen sind in der Lage, auf veränderte innere und äußere Bedingungen zu reagieren. So können Lebensprozesse unter annähernd konstanten Bedingungen ablaufen und Fließgleichgewichte erhalten werden. Regulation erfolgt auf allen Ebenen. Sie ist durch ständige Kontrolle, Vergleich und Korrektur gekennzeichnet.

Zeit: Alle lebenden Systeme unterliegen zeitlichen Veränderungen, die wiederum jede Organisationsebene betreffen.

Inhalt

Die historische Entwicklung der Zellbiologie

Material:

Meilensteine der Zellbiologie

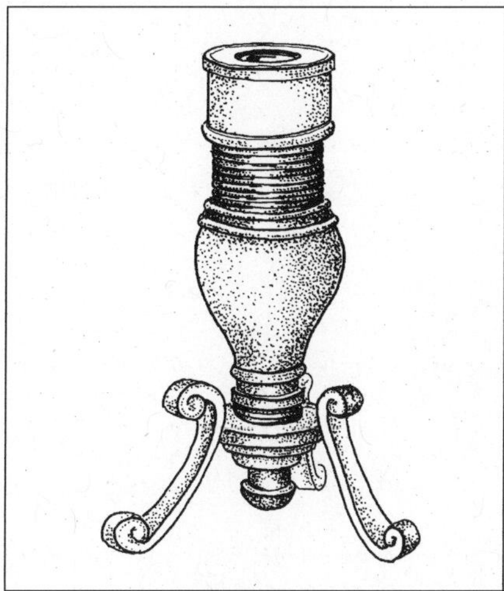

um 1590

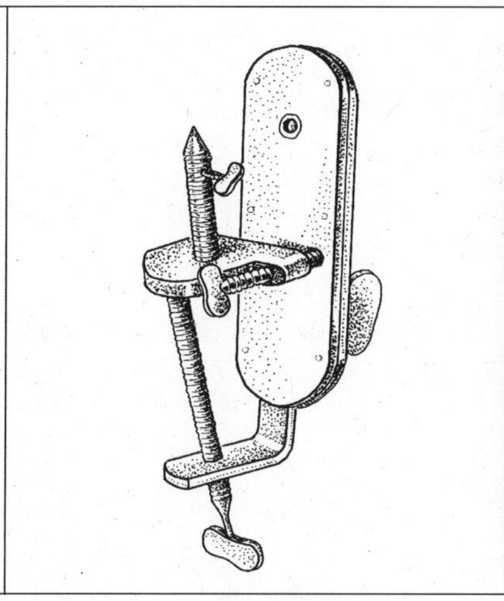

um 1670

um 1660

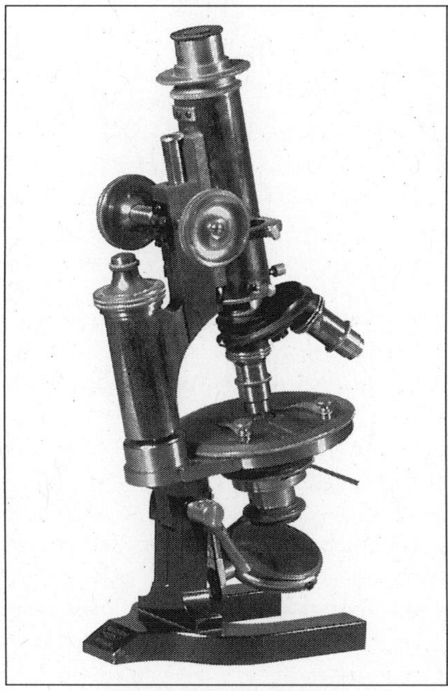

Ende 19. Jahrhundert

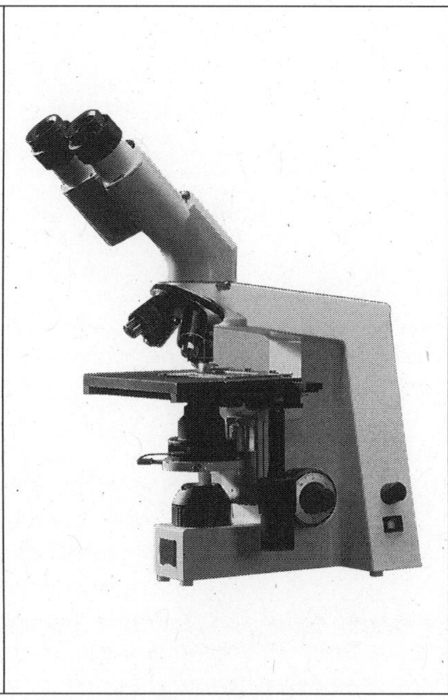

Ende 20. Jahrhundert

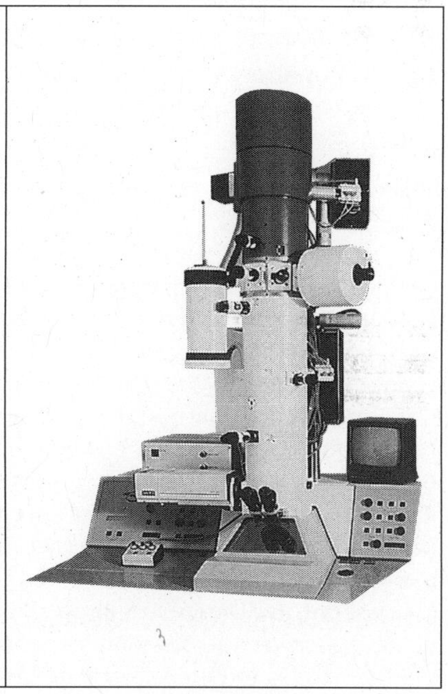

ab 1970

Aufgabe:
Ergänzen Sie jede Abbildung durch eine kurze Beschreibung, die sowohl den Forschungsstand der Zellbiologie, das abgebildete Mikroskop selbst und eventuell damit verbundene historische Persönlichkeiten umfasst. Sie können neben dem Lehrbuch auch Lexika, Fachbücher und das Internet verwenden.

Die Lichtmikroskopie

Material:

① **Zellen unter dem Lichtmikroskop**

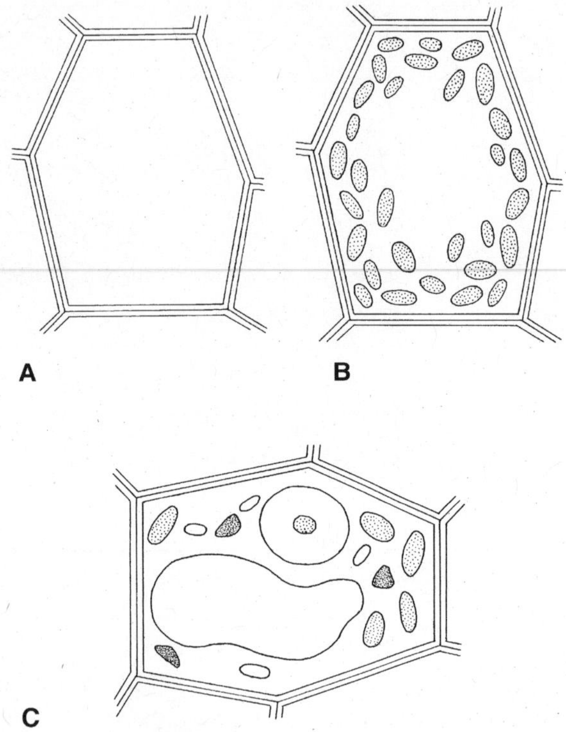

② **Aufbau des Lichtmikroskops**

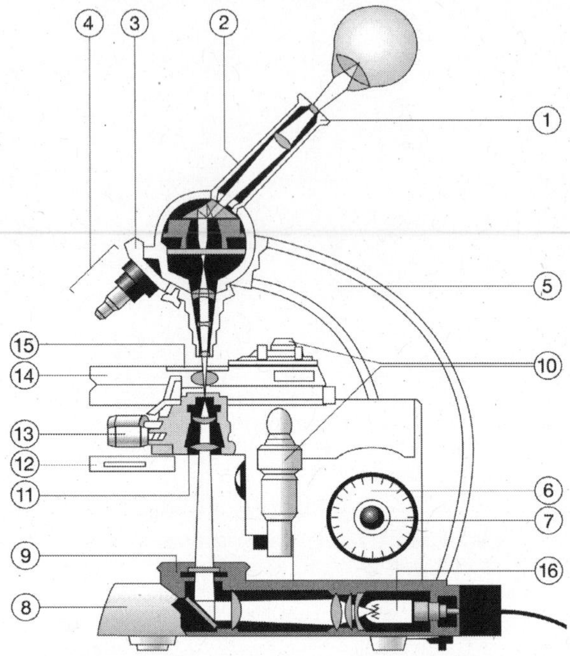

③ **Verschiedene Verfahren der Lichtmikroskopie im Vergleich**

Hellfeld: Das Licht fällt direkt durch das Objekt. Ist dieses wie zum Beispiel die Mundschleimhautzelle nicht pigmentiert, hat das Bild wenig Kontrast. Durch die Behandlung mit verschiedenen Farbstoffen, zum Beispiel Methylblau, steigt der Kontrast. Meist sind nur bestimmte Bestandteile anfärbbar. Außerdem erfordern viele Färbeverfahren eine Fixierung (Haltbarmachung) der Zellen.

Fluoreszenz: Dieses Verfahren zeigt die Lage bestimmter Moleküle in der Zelle. So können zum Beispiel Proteine des Cytoskelettes oder Chromosomen sichtbar gemacht werden. Fluoreszierende Stoffe absorbieren kurzwellige Ultraviolettstrahlung und geben längerwelliges, sichtbares Licht ab. Manchmal kommen die fluoreszierenden Moleküle natürlicherweise im Objekt vor. Meist muss man die gesuchten Moleküle aber künstlich mit Fluoreszenzfarbstoffen markieren.

Phasenkontrast: Dieses Verfahren verbessert den Kontrast bei ungefärbten Zellen. Hierbei werden Dichteunterschiede im Objekt verstärkt. Dadurch können auch lebende, unpigmentierte Zellen untersucht werden. Man erkennt zum Beispiel Strukturen im Zellkern, unterschiedliche Bereiche im Zellplasma und Einschlüsse.

Konfokal: Das Verfahren kann man sich als optisches Sezieren mit Laser, Spezialoptik und Computer vorstellen. Es kann nur ein sehr enger Tiefenbereich dargestellt werden. Regionen ober- und unterhalb der Blickebene erscheinen schwarz. Mit dem Computer lassen sich die gewonnenen Schnittserien zu einem dreidimensionalen Bild vereinigen.

Aufgaben:

1. Ordnen Sie den schematischen Zeichnungen der Pflanzenzellen in ① eine mögliche Jahreszahl zu. Zur Auswahl stehen: 1610, 1665, um 1700, um 1800 oder um 1900. Begründen Sie die Zuordnung.
2. Benennen Sie die gekennzeichneten Teile eines Lichtmikroskops in ②.
3. Ermitteln Sie für jedes der in ③ vorgestellten Mikroskopieverfahren mindestens einen Vor- und Nachteil.

Das Elektronenmikroskop

1. Die schematische Abbildung zeigt ein Elektronenmikroskop. Benennen Sie die mit Ziffern versehenen Bauteile und geben Sie deren Funktion an.

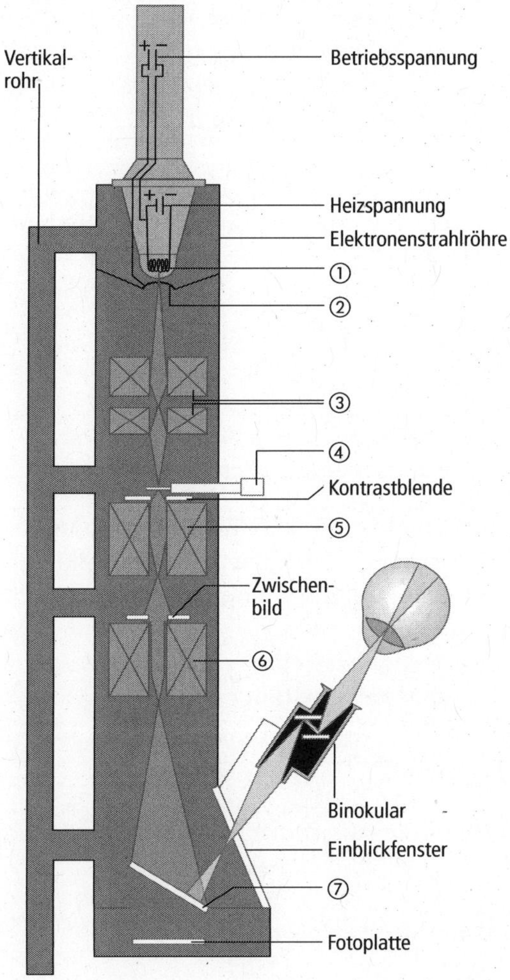

① ______________________________

____

② ______________________________

____

③ ______________________________

____

④ ______________________________

____

⑤ ______________________________

____

⑥ ______________________________

____

⑦ ______________________________

____

2. Ergänzen Sie die Tabelle zum Vergleich von Licht-, Elektronen- und Rasterelektronenmikroskop.

	Lichtmikroskop	Elektronenmikroskop	Rasterelektronenmikroskop
Strahlungsart			
Objekt	Frisch- oder Dauerpräparate, lebende Objekte möglich		
Präparation der Objekte			
Linsensystem			
Betrachtung			
maximale Vergrößerung			ca. 100 000fach
Bild	farbig (Durchstrahlung)		

Herstellen lichtmikroskopischer Präparate

1 Korkzellen

Material: Lichtmikroskop und Zubehör; Flaschenkork; Objektträger; Deckgläschen; Rasierklinge; Zeichengeräte; weißes Papier
Durchführung: Stellen Sie einen sehr dünnen Schnitt her und mikroskopieren Sie diesen.
Aufgabe:
Zeichnen Sie einen Ausschnitt mit mehreren Zellen.

2 Epidermis des Zwiebelschuppenblattes

Material: Lichtmikroskop und Zubehör; Zwiebel; Objektträger; Deckgläschen; Rasierklinge, Pinzette; Pipette; Filterpapier; Wasser; Iod-Kaliumiodidlösung; Karminessigsäure; Chlorzinkiodlösung (Xi); Zeichengeräte; weißes Papier
Durchführung: Stellen Sie nach folgender Anleitung drei Frischpräparate vom Zwiebelhäutchen her.

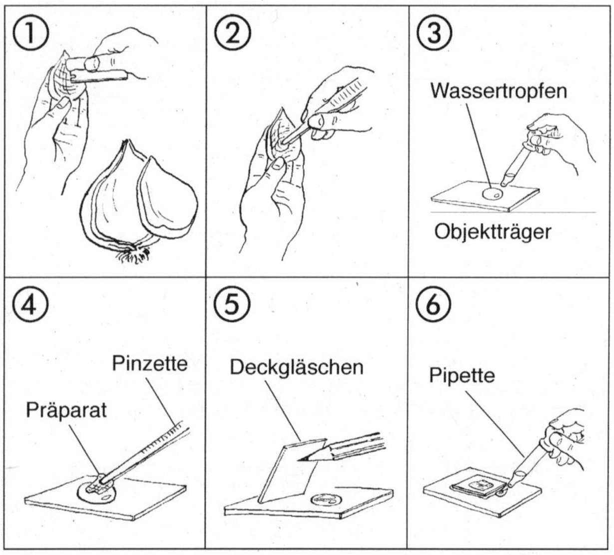

Betrachten Sie das erste Präparat unter dem Mikroskop und zeichnen Sie einen Ausschnitt mit mehreren Zellen. Färben Sie dann dieses Präparat mit Iod-Kaliumiodidlösung und betrachten Sie es erneut. Färben Sie das zweite Präparat mit Karminessigsäure und das dritte mit Chlorzinkiodlösung. Betrachten Sie die Präparate unter dem Mikroskop.
Aufgabe:
Welche Zellbestandteile lassen sich nach der Färbung besser erkennen?

3 Wasserpest

Material: Lichtmikroskop und Zubehör; Wasserpest; Objektträger; Deckgläschen; Pinzette; Pipette; Zeichengeräte; weißes Papier; Wasser
Durchführung: Zupfen Sie mit der Pinzette ein Blättchen von der Wasserpest ab und stellen Sie ein Frischpräparat her.
Aufgabe:
Mikroskopieren und zeichnen Sie einen Ausschnitt mit mehreren Zellen.

4 Holundermark

Material: Lichtmikroskop und Zubehör; Holundermark; Objektträger; Deckgläschen; Rasierklinge; Filterpapier; Chlorzinkiodlösung (Xi); Zeichengeräte; weißes Papier
Durchführung: Fertigen Sie einen dünnen Querschnitt vom Mark eines Holunderstängels an. Stellen Sie ein Frischpräparat her und mikroskopieren Sie. Färben Sie Ihr Präparat mit Chlorzinkiodlösung.
Aufgabe:
Zeichnen Sie einen Ausschnitt mit mehreren Zellen.

5 Zellen aus der Mundschleimhaut

Material: Lichtmikroskop und Zubehör; Objektträger; Deckgläschen; Pipette; Wasser; Holzspatel oder Teelöffel; Filterpapier; Methylenblaulösung (Xn); Zeichengeräte; weißes Papier
Durchführung: Schaben Sie vorsichtig von der Innenseite der Wange Mundschleimhaut ab. Übertragen Sie diese in einen Wassertropfen auf einen Objektträger. Stellen Sie das Frischpräparat fertig und färben Sie mit Methylenblaulösung.
Aufgaben:
a) Mikroskopieren Sie und zeichnen Sie zwei bis drei Zellen bei größtmöglicher Vergrößerung.
b) Stellen Sie in einer Tabelle mindestens sechs verschiedene Färbemittel zusammen, die in der Lichtmikroskopie verwendet werden. Welche Bestandteile lassen sich mit der jeweiligen Färbung besser erkennen?

Die Ebenen in der Biologie

Material:

① **Die biologischen Ebenen – Vom Atom zum Organismus**

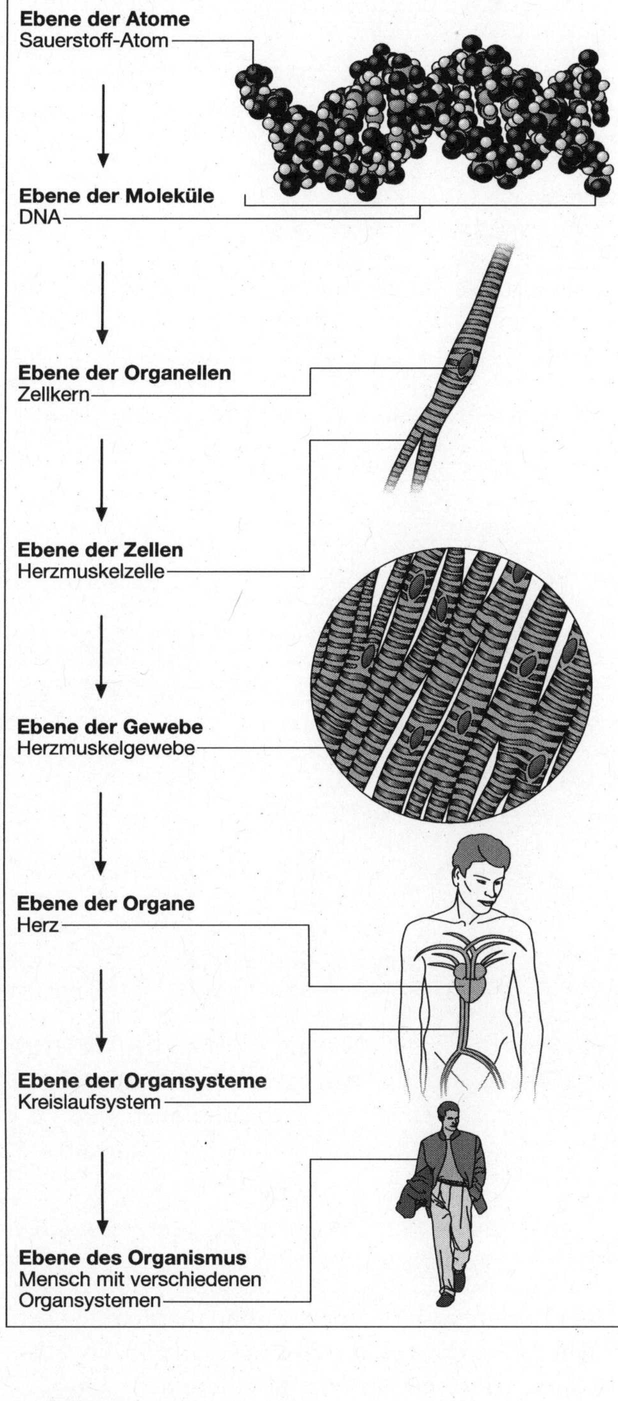

② **Das Leben erfordert rund 25 chemische Elemente**

Von den heute über 115 bekannten chemischen Elementen kommen etwa 92 natürlich vor. Von diesen wiederum sind etwa 25 essenziell für das Leben. Aus den vier Elementen Kohlenstoff, Sauerstoff, Wasserstoff und Stickstoff bestehen 96 Prozent der lebenden Materie. Phosphor, Schwefel, Calcium, Kalium und einige weitere Elemente machen die restlichen vier Prozent der Körpermasse eines Organismus aus. Die Tabelle enthält Angaben für chemische Elemente, die im menschlichen Körper vorkommen.

Element-Symbol	Name	prozentualer Anteil an der Körpermasse
O	Sauerstoff	65,0
C	Kohlenstoff	18,5
H	Wasserstoff	9,5
N	Stickstoff	3,3
Ca	Calcium	1,5
P	Phosphor	1,0
K	Kalium	0,4
S	Schwefel	0,3
Na	Natrium	0,2
Cl	Chlor	0,2
Mg	Magnesium	0,1

Neben den genannten Elementen braucht der Körper noch kleinste Mengen anderer Stoffe. Zu diesen Spurenelementen zählen zum Beispiel: Bor, Kobalt, Chrom, Kupfer, Fluor, Eisen, Iod, Mangan, Molybdän, Selen, Silicium, Zinn, Vanadium und Zink. So ermöglicht etwa eine tägliche Dosis von etwa 0,15 Milligramm Iod beim Menschen eine normale Schilddrüsen-Aktivität.

Aufgaben:

1. Erläutern Sie anhand von ① die verschiedenen Ebenen, in denen Leben organisiert ist. Beziehen Sie das Erschließungsfeld „Ebene" in Ihre Überlegungen ein.
2. Geben Sie verschiedene chemische Verbindungen bzw. Stoffklassen an, die im menschlichen Körper eine Rolle spielen und die in der Tabelle unter ② genannten Elemente enthalten.
3. Informieren Sie sich über die konkrete Funktion bzw. Bedeutung von fünf Spurenelementen.

Eucyten – Bau von pflanzlichen und tierischen Zellen

1. Benennen Sie alle gekennzeichneten Teile.

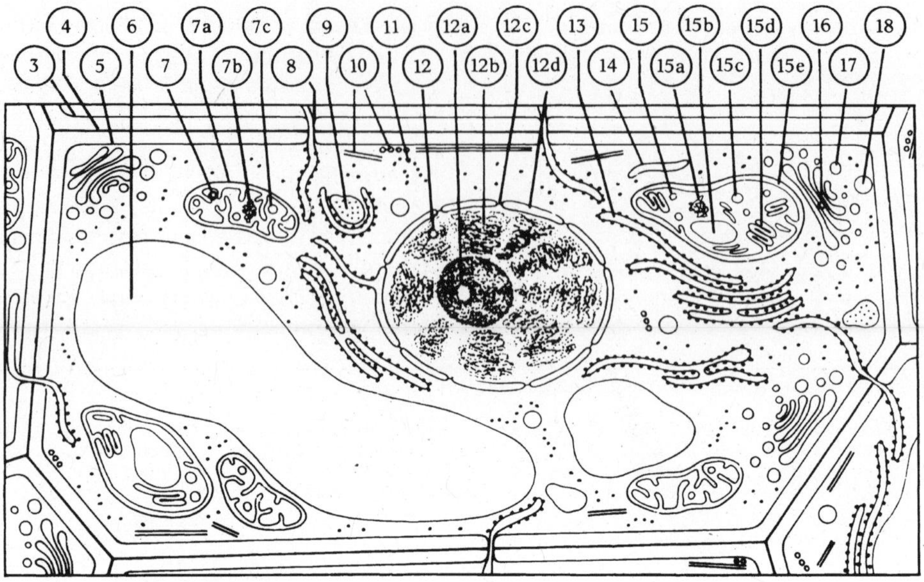

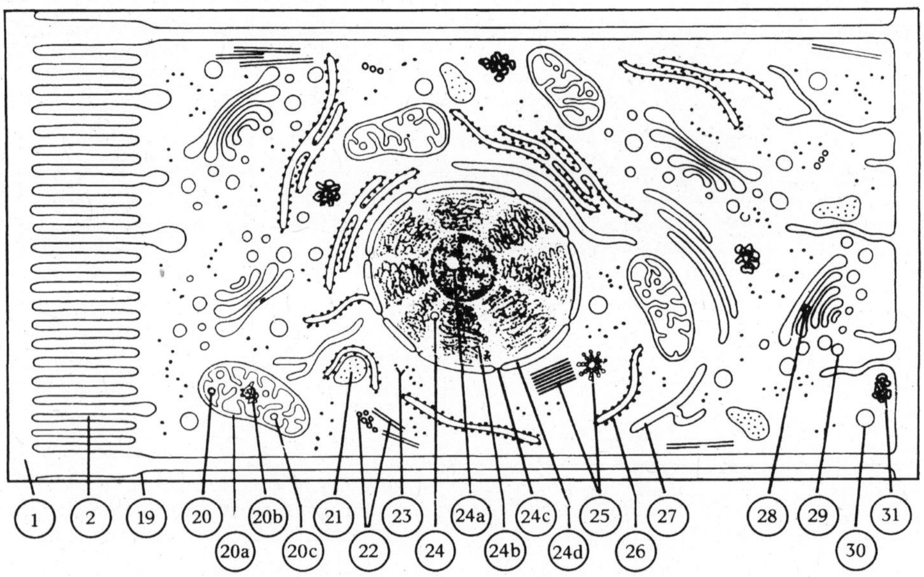

2. Stellen Sie in einer Tabelle Gemeinsamkeiten und Unterschiede des Baus von Tier- und Pflanzenzelle zusammen.

3. Bei Eucyten können neun Kompartimente entsprechend ihrer Funktion unterschieden werden. Dazu gehören Cytoplasma, Plasmamembran, Endoplasmatisches Retikulum, GOLGI-Apparat, Microbodies (Peroxisomen), Lytisches Kompartiment, Zellkern, Mitochondrien und Plastiden. Neben diesen neun größeren Reaktionsräumen gibt es in der eukaryotischen Zelle zahlreiche Vesikel, die zwischen den einzelnen Kompartimenten vermitteln. Stellen Sie die Hauptfunktionen der Kompartimente zusammen:

Kompartiment	Funktion(en)
Cytoplasma	

4. Erläutern Sie am Beispiel eines Kompartimentes das Erschließungsfeld „Struktur und Funktion".

Systematik – Ordnung ist das halbe Leben

1. Die kleinste lebensfähige Einheit ist die Zelle. Als man die Feinheiten der stofflichen Zusammensetzung von Zellen und ihre Feinstruktur genauer untersuchte, stellte man bemerkenswerte Unterschiede fest. Auf der einen Seite gab es den Zelltyp, dem Bakterien und Cyanobakterien angehören, und auf der anderen Seite Zellen von Pilzen, Pflanzen und Tieren. Man stellte beide Zelltypen einander gegenüber. Erklären Sie dazu die folgenden Begriffe:

Procyte: ______________________________

Eucyte: ______________________________

Prokaryoten: ______________________________

Eukaryoten: ______________________________

2. Archaebakterien sind eine ursprüngliche Bakteriengruppe. Seit langem untersucht man ihre strukturellen Besonderheiten und ihre mögliche Stellung im System.
   a) Werten Sie das vorliegende Material aus.
   b) Führen Sie Gründe für die Einordnung der Archaebakterien in die Prokaryoten an.
   c) Geben Sie Untersuchungsergebnisse an, die für eine Ausgliederung der Archaebakterien und eine Dreiteilung der Organismen in Archaebakterien, Eubakterien im weiteren Sinne und Eukaryoten sprechen.

	Archaebakterien	Eubakterien (i.w.S.)	Eukaryoten
Zellgröße (Länge)	etwa 1 Mikrometer	etwa 1 Mikrometer	etwa 10 Mikrometer
echte Zellorganellen	nicht vorhanden	nicht vorhanden	vorhanden
Kernhülle	nicht vorhanden	nicht vorhanden	vorhanden
Zellwand	viele Typen, immer ohne Bestandteil Muraminsäure	viele Varianten eines Typs, immer mit Muraminsäure	fehlt bei tierischen Zellen, sonst viele Typen
Membran-Lipide	Ether mit verzweigten Ketten	Ester mit geraden Ketten	Ester mit geraden Ketten
Aminosäure der als Starter dienenden tRNA	Methionin	Formylmethionin	Methionin
Ribosomen	70 S (aus 30 S und 50 S)	70 S (aus 30 S und 50 S)	80 S (aus 40 S und 60 S)
Empfindlichkeit gegen Antibiotika: Chloramphenicol	unempfindlich	empfindlich	unempfindlich
Anisomycin	empfindlich	unempfindlich	empfindlich
Kanamycin	unempfindlich	empfindlich	unempfindlich

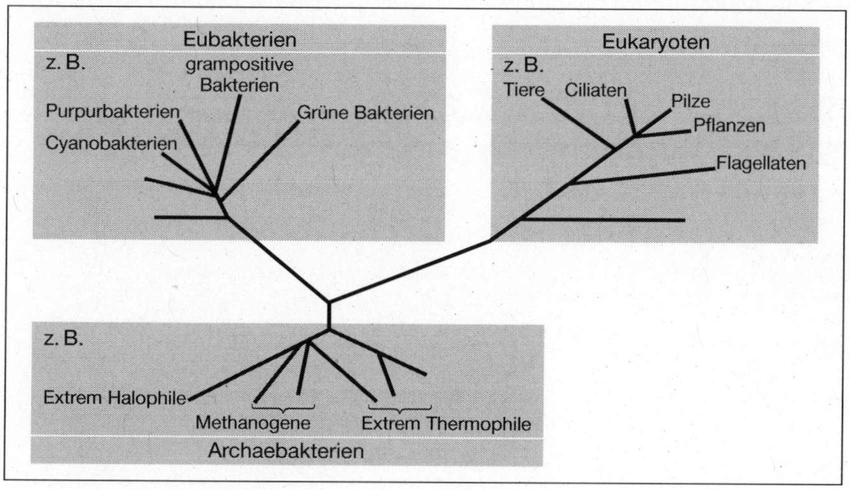

Phylogenetischer Stammbaum ohne Wurzeln, wie er sich aus der Basensequenz der ribosomalen RNA ergibt

Procyten – Bau und Bedeutung von Bakterien

1. Benennen Sie die Teile einer Bakterienzelle.

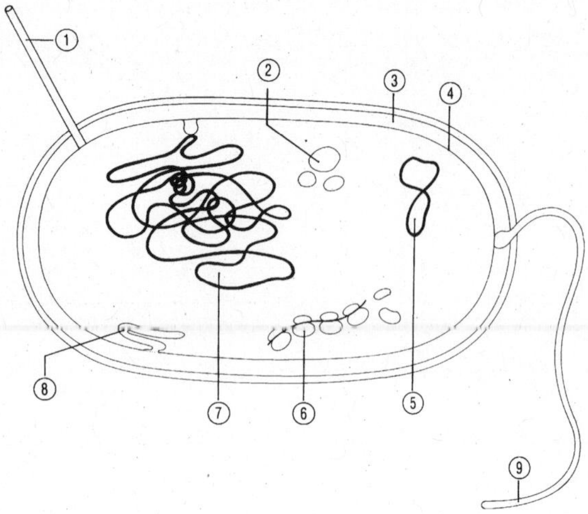

① ______________________________

② ______________________________

③ ______________________________

④ ______________________________

⑤ ______________________________

⑥ ______________________________

⑦ ______________________________

⑧ ______________________________

⑨ ______________________________

2. Bakterienzellen besitzen unterschiedliche Formen. Ergänzen Sie die Übersicht.

Kokken, z.B.						
Mikrokokken	**Diplokokken**	**Streptokokken**	**Staphylokokken**			
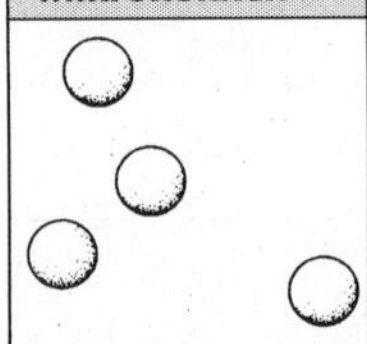	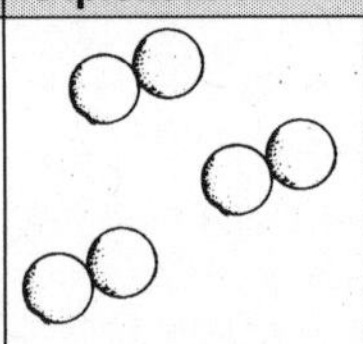	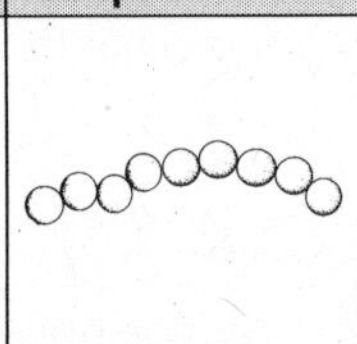	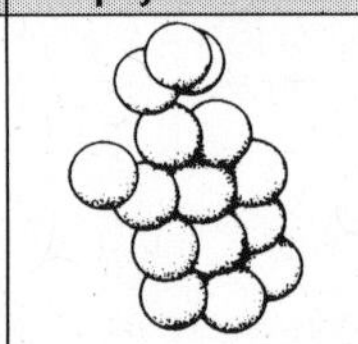	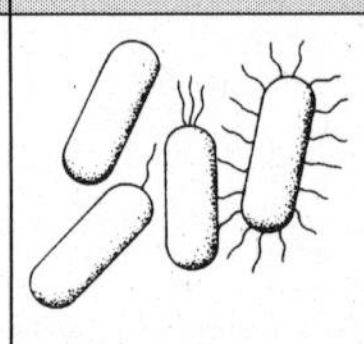	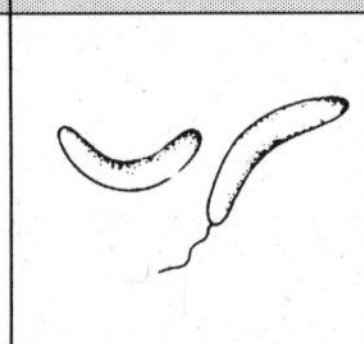	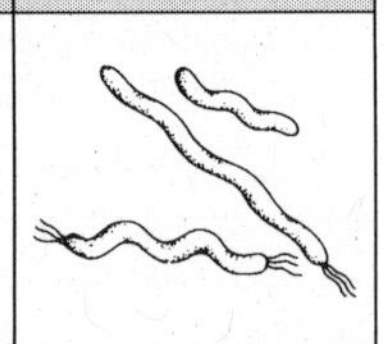
viele Darm-bakterien	Erreger des Trippers	Milchsäure-bakterien				

3. Bereiten Sie ein Kurzreferat über die Bedeutung von Bakterien vor. Gehen Sie dabei auf die vielfältigen Nutzungsmöglichkeiten ein und nennen Sie Beispiele für bakteriell verursachte Krankheiten.

4. Abbildung A zeigt die Angriffsmöglichkeiten verschiedener Antibiotika auf eine Bakterienzelle. Abbildung B zeigt den Aufbau einer Zellwand bei grampositiven und gramnegativen Bakterien.
   a) Erklären Sie die Begriffe grampositive und gramnegative Bakterien.
   b) Informieren Sie sich über die Wirkung von Penicillin und erläutern Sie mithilfe der Abbildung B und dem Erschließungsfeld „Wechselwirkung“, warum Penicillin nur auf grampositive Bakterien wirkt.

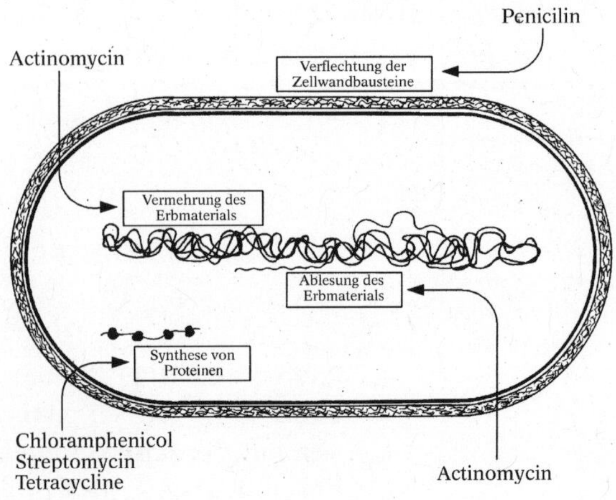

A

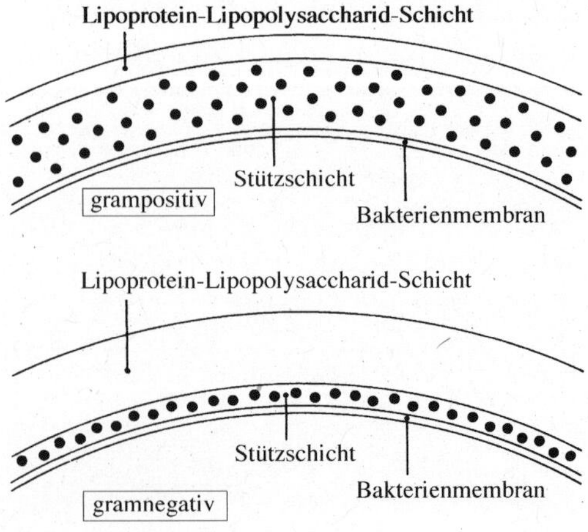

B

Pflanzliche Gewebe

1. Vervollständigen Sie die Übersicht zu pflanzlichen Geweben.

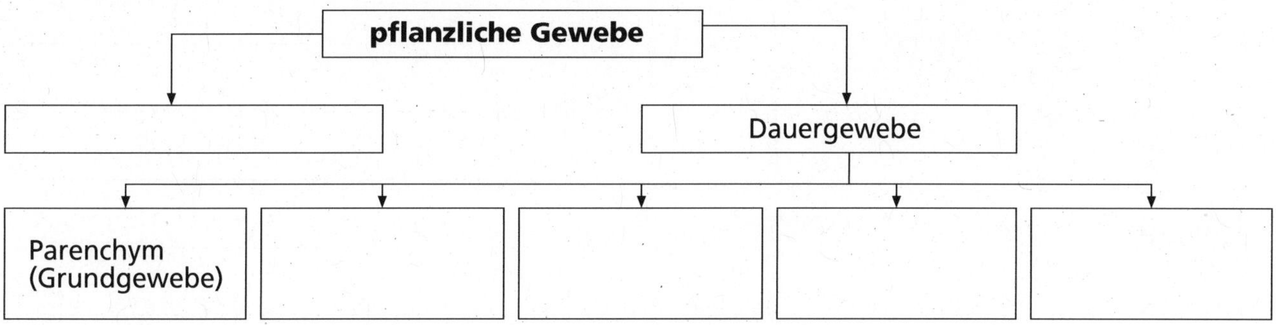

2. Stellen Sie Merkmale und Beispiele für Bildungsgewebe (Meristeme) dar.

3. a) Abbildung A zeigt die Phasen des Zellzyklus. Benennen Sie die einzelnen Phasen und geben Sie jeweils die wichtigsten Abläufe in dieser Phase an.
b) Abbildung B zeigt eine schematische Darstellung des Bildungsgewebes. Suchen Sie aus dieser Abbildung die Mitose-Stadien heraus und beschreiben Sie dann den Ablauf der Kernteilung.
c) Ermitteln Sie die Bedeutung der Mitose für das Erschließungsfeld „Fortpflanzung".

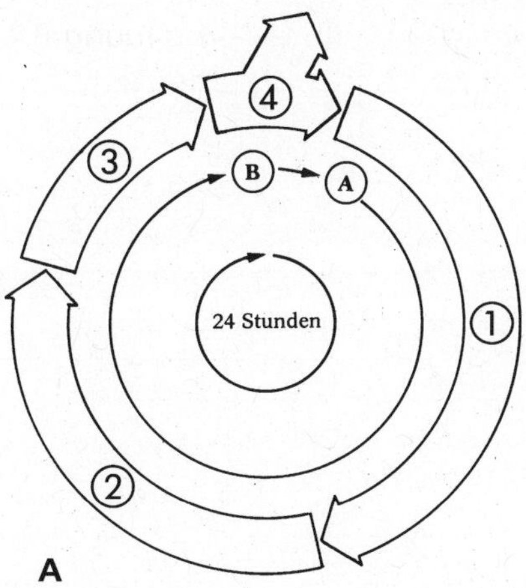

A

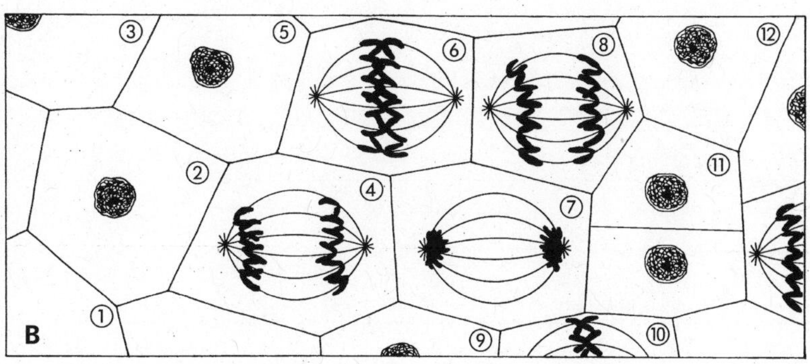

B

Differenzierung von Pflanzenzellen

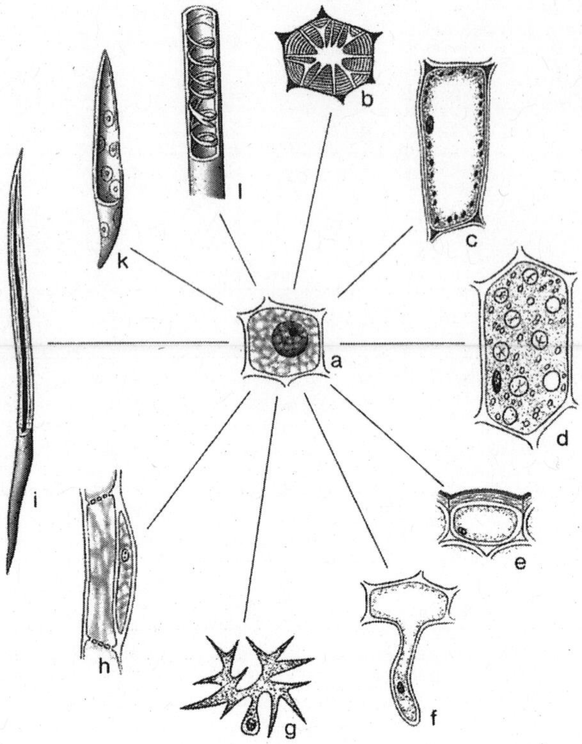

1. Benennen Sie die dargestellten Pflanzenzellen.

(a) ______________________

(b) ______________________

(c) ______________________

(d) ______________________

(e) ______________________

(f) ______________________

(g) ______________________

(h) Siebröhrenzelle mit Geleitzelle

(i) ______________________

(k) ______________________

(l) ______________________

2. Ergänzen Sie in folgender Tabelle elf Pflanzenzellarten:

Zellart	Vorkommen (Gewebe)	Funktion(en)

Bau und Funktion von Wurzel, Sprossachse und Blatt

1. Die Abbildung zeigt einen Wurzelausschnitt.
  a) Benennen Sie die einzelnen Teile.

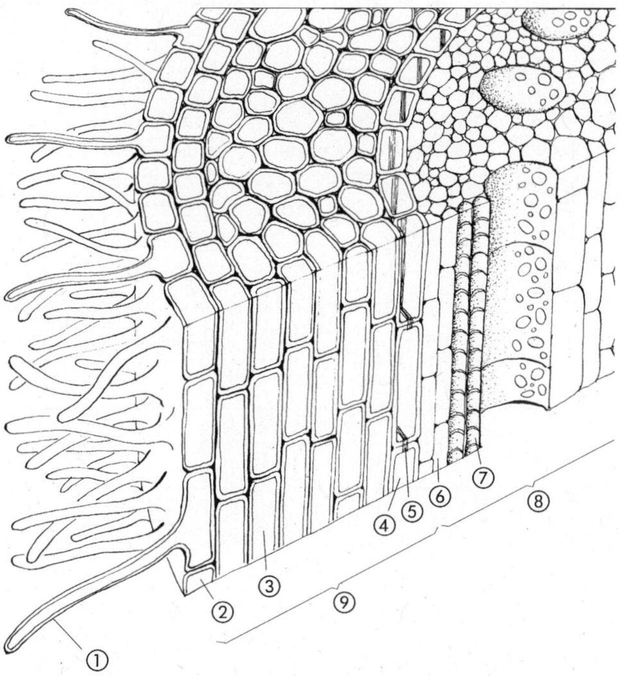

① ______________________________

② ______________________________

③ ______________________________

④ ______________________________

⑤ ______________________________

⑥ ______________________________

⑦ ______________________________

⑧ ______________________________

⑨ ______________________________

b) Zeichnen Sie die möglichen Wege des Wassers bei seiner Aufnahme durch die Wurzel ein.

2. Zeichnen und beschriften Sie eine Übersichtsskizze zum Querschnitt einer Sprossachse. Geben Sie kurz die Funktion der einzelnen Teile an. Beachten Sie, dass Übersichtsskizzen keinen zellulären Feinbau zeigen.

3. Die Abbildung zeigt den schematischen Schnitt durch ein Laubblatt.
  a) Ordnen Sie die vorgegebenen Blattteile mithilfe der Nummern richtig zu.

① obere Epidermis
② untere Epidermis
③ Palisadengewebe
④ Schwammgewebe
⑤ Leitbündel
⑥ Interzellularraum
⑦ Spaltöffnung
⑧ Cuticula

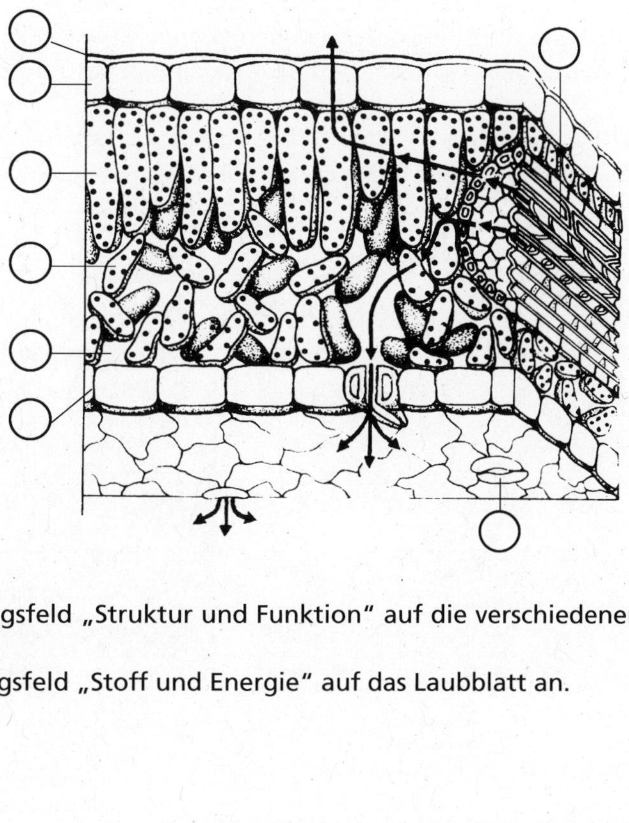

  b) Wenden Sie das Erschließungsfeld „Struktur und Funktion" auf die verschiedenen Gewebetypen des Blattes an.
  c) Wenden Sie das Erschließungsfeld „Stoff und Energie" auf das Laubblatt an.

Pflanzenzellen besitzen Zellwände

1. Die Abbildungen zeigen verschiedene Zellwandstadien.
   a) Finden Sie zu jeder Abbildung die passende Bildunterschrift.

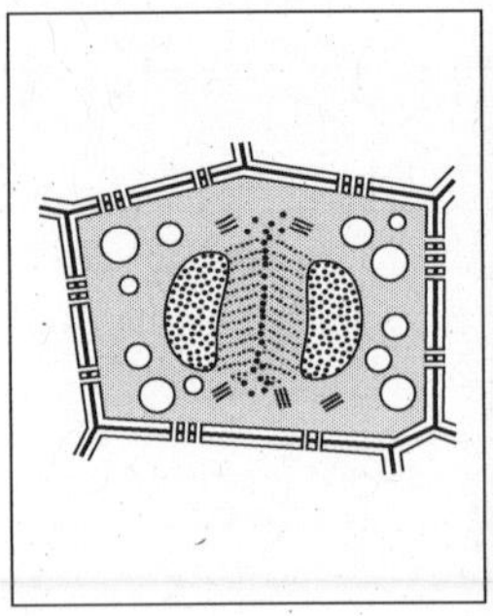

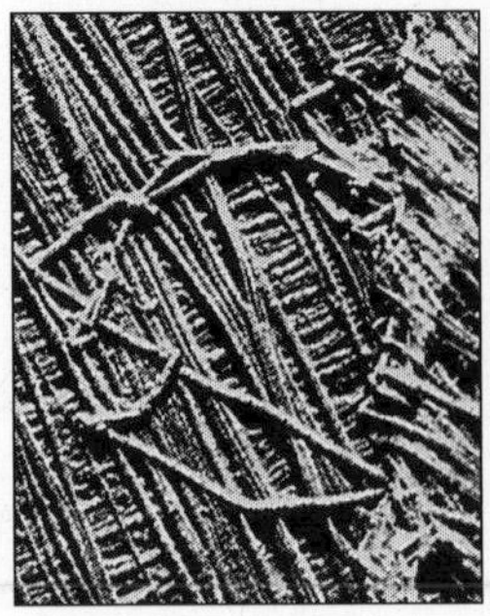

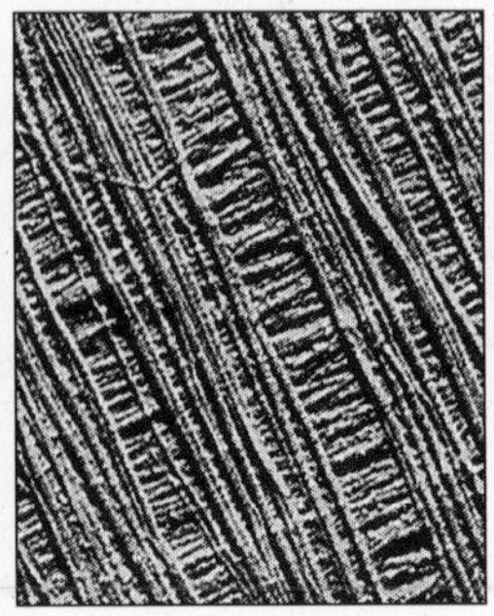

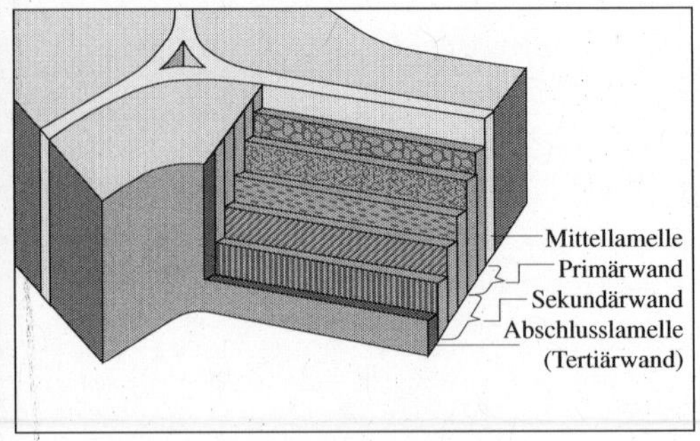

______________ ______________ ______________ ______________

______________ ______________ ______________ ______________

   b) Nach der Kernteilung bildet sich bei Pflanzenzellen eine neue Zellwand, die die Zelle in zwei Tochterzellen teilt. Beschreiben Sie den Vorgang der Zellwandbildung mithilfe der Abbildung.

2. Erläutern Sie kurz die Funktionen von Zellwänden.

____

____

____

____

____

3. Für Sekundärwände kann die Pflanzenzelle neben Cellulose weitere Substanzen produzieren. Es entstehen Ein- oder Auflagerungen. Kreuzen Sie die Stoffe an, die dafür in Frage kommen.

○ Lignin (Holzstoff) ○ Cutin ○ Suberin (Korkstoff) ○ Chitin ○ Gerbstoffe

○ Stärke ○ Siliciumdioxid ○ Senfölglykoside ○ Vitamin C ○ Farbstoffe

4. Die Abbildungen A und B zeigen die Zellverbindung zwischen pflanzlichen Zellen. Wenden Sie das Erschließungsfeld „Struktur und Funktion" auf diesen Sachverhalt an.

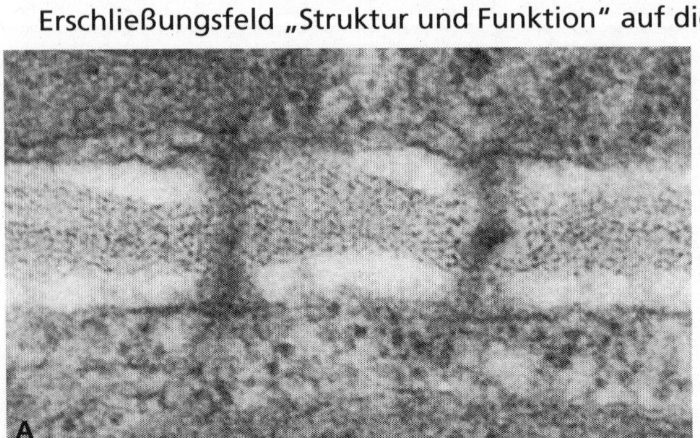

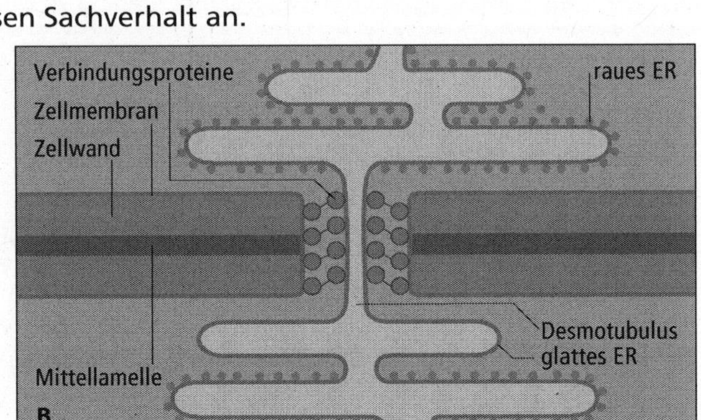

Präparieren und Mikroskopieren pflanzlicher Gewebe

1 Pflanzenhaare haben unterschiedliche Formen

Material: Mikroskop und Zubehör; verschiedene Pflanzenhaare, z. B. vom Blatt eines Usambaraveilchens, Brennhaare vom Brennnesselstängel, Blatthaare einer Königskerze, einer Primel oder einer Zimmerlinde, Haare von Kakteen usw.; Objektträger; Deckgläser; Pinzette; Rasierklinge; Wasser; Zeichenmaterial; weißes Papier

Durchführung: Mikroskopieren Sie verschiedene Frischpräparate von Haarzellen. Zeichnen Sie mindestens drei verschiedene Haare.

Aufgaben:

a) Geben Sie verschiedene Funktionen von Pflanzenhaaren an.

b) Leiten Sie ab, zu welchen Pflanzen die abgebildeten Haare gehören.

①

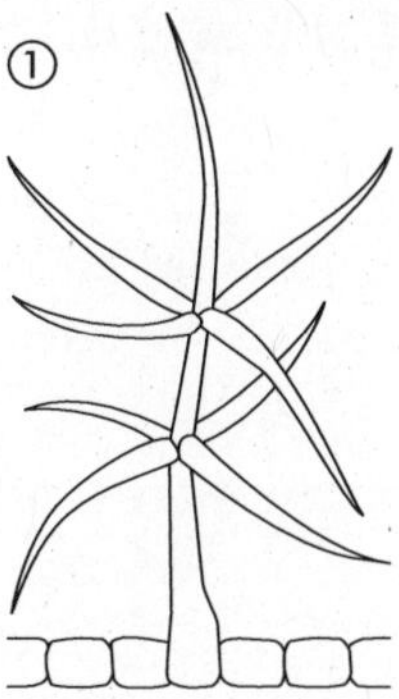

②

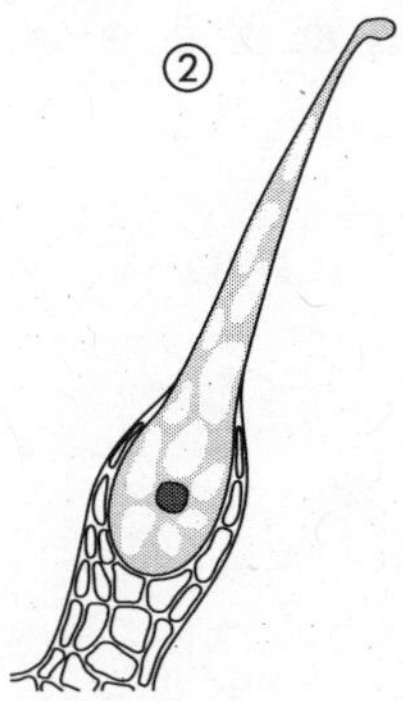

2 Zellwände bestehen aus Cellulose

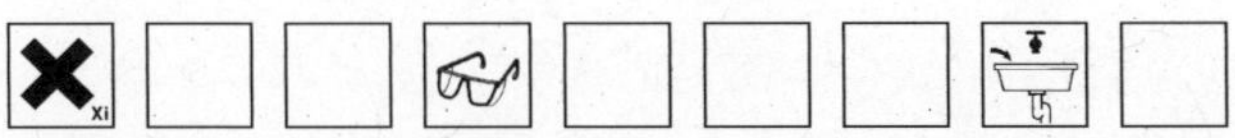

Material: Tüpfelplatte; Watte; Samenhaare von Baumwolle; Filterpapier; Papiertaschentuch; Kartoffelstärke; Apfelstückchen; Holundermark; Pipette; Chlorzinkiodlösung (Xi)

Durchführung: Geben Sie alle Stoffe auf eine Tüpfelplatte und testen Sie durch Zutropfen von Chlorzinkiodlösung auf das Vorhandensein von Cellulose.

Aufgaben:

a) Legen Sie ein Versuchsprotokoll an und notieren Sie Ihre Beobachtungen.

b) Beschreiben Sie den chemischen Aufbau von Cellulose mithilfe der Formel.

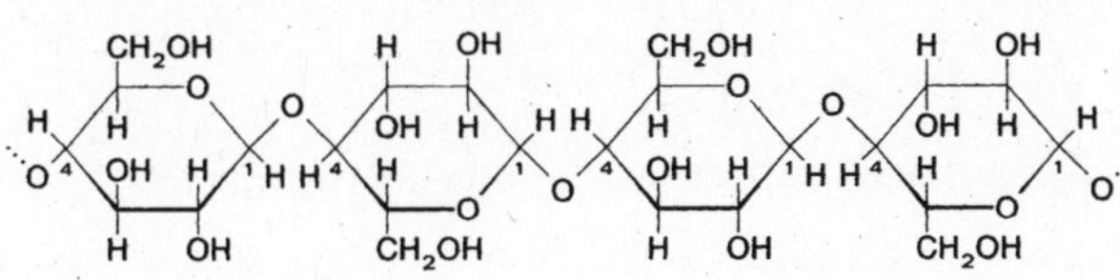

3 Ligninnachweis in verholzten Sprossachsen

Material: Lichtmikroskop und Zubehör; verholzte Sprossachsen, z. B. Efeu, Holunder o. a.; Objektträger; Deckgläschen; Rasierklinge; Pipette; Filterpapier; Phloroglucin-Salzsäure-Lösung (Xn, C)

Durchführung: Fertigen Sie von der vorliegenden Sprossachse einen sehr dünnen Querschnitt an und stellen Sie ein Frischpräparat her. Färben Sie dieses mit Phloroglucin-Salzsäure-Lösung und mikroskopieren Sie nach kurzer Wartezeit.

Aufgabe:

Beschreiben Sie Ihre Beobachtung.

4 Calciumoxalatkristalle

Material: Mikroskop und Zubehör; trockene braune Zwiebelschalen; *Tradescantia*- oder Begonienstängel; Objektträger; Deckglas; Rasierklinge; Wasser; Zeichengeräte; weißes Papier

Durchführung: Fertigen Sie mit einem Stückchen Zwiebelschale ein Frischpräparat an und mikroskopieren Sie. Vom *Tradescantia*- oder Begonienstängel wird ein dünner Querschnitt mikroskopiert.

Aufgaben:

a) Zeichnen Sie verschieden geformte Calciumoxalatkristalle. Orientieren Sie sich an der Abbildung unten. Welche Formen lassen sich außerdem finden?

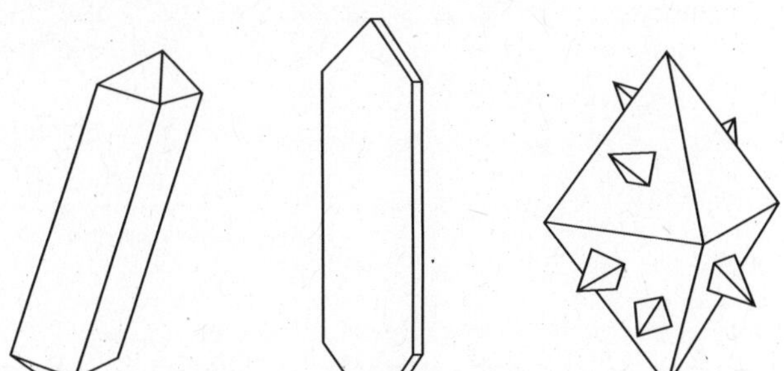

b) Entwickeln Sie mithilfe der Erschließungsfelder „Wechselwirkung" und „Stoff und Energie" eine Hypothese über die Bedeutung solcher Kristalle in der Pflanzenzelle.

Biologie heute entdecken

Bau und Funktion von Biomembranen

1. Chemische Analysen von Membranen haben ergeben, dass in Biomembranen vor allem Lipide und Proteine vorkommen. Unter den Membranlipiden bilden Phospholipide, wie das Lecithin, den mengenmäßig größten Anteil. Beschreiben Sie den chemischen Aufbau des Lecithin-Moleküls mithilfe der Abbildung.

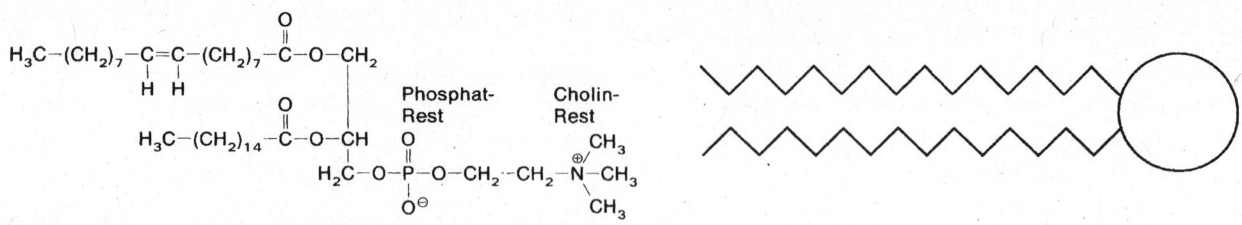

Lecithin-Molekül: Strukturformel und Schema

2. 1935 entwickelten J. F. DANIELLI und H. DAVSON ein Modell zum Aufbau einer Biomembran. Als sich zeigte, dass Proteine sehr fest an den Lipiden haften, wurde das Modell um entfaltete Proteine erweitert. Erläutern Sie anhand der Abbildung die Vorstellungen zum Membranaufbau nach DANIELLI und DAVSON.

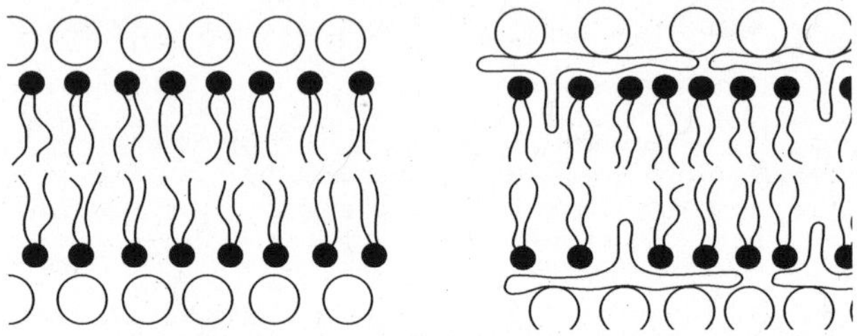

3. Die Abbildung zeigt das 1972 von S. J. SINGER und G. L. NICOLSON aufgestellte Flüssig-Mosaik-(Fluid-Mosaic-)Modell einer Biomembran.

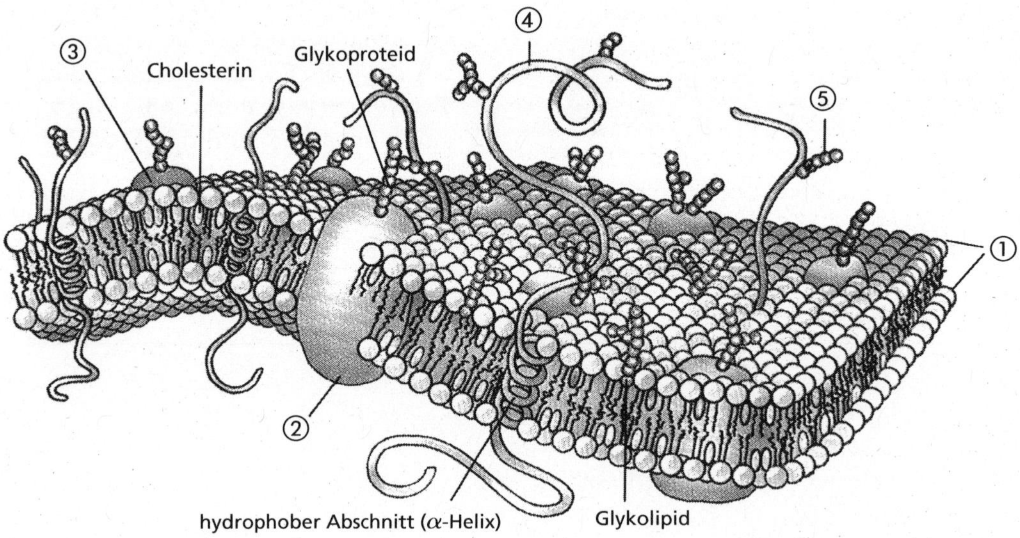

a) Ordnen Sie den Ziffern die entsprechenden Begriffe zu.

① ______________________ ④ ______________________

② ______________________ ⑤ ______________________

③ ______________________

b) Beschreiben Sie das Modell.
c) Stellen Sie einen Überblick über die verschiedenen Funktionen von Biomembranen zusammen.

Zelluläre Transportvorgänge im Überblick

1. Ergänzen Sie folgende Übersicht zu verschiedenen Transportmechanismen durch Biomembranen.

Transport-mechanismus	Skizze	Konzentrations-gefälle	transportierte Substanzen	Erklärung für diesen Transportmechanismus
Diffusion durch Lipidschicht	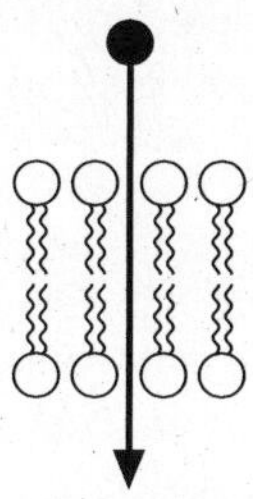			
			kleine hydrophile Moleküle oder Ionen	
Carrier vermittelte Diffusion	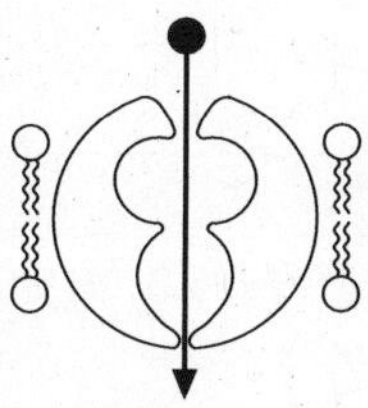			
aktiver Transport	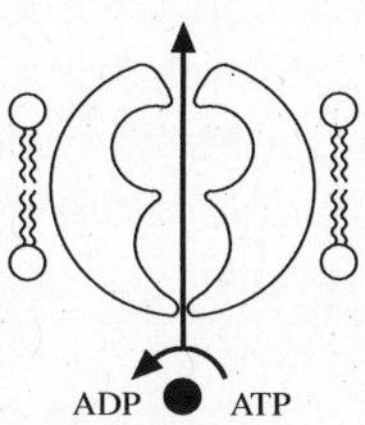		Selektion für Moleküle mit Carrieraffinität	

2. Die Abbildung zeigt weitere Aufnahmemechanismen der Zelle.
a) Beschriften Sie die schematische Darstellung.
b) Informieren Sie sich über diese Prozesse genauer und bereiten Sie ein Kurzreferat vor.

A ______________________ B ______________________

(1) von Feststoffen = ____________ (2) von Flüssigkeiten = ____________ (3) ____________ ____________

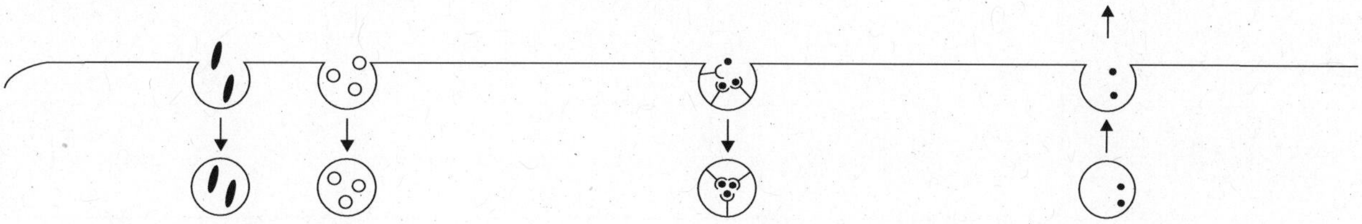

Osmotische Transportvorgänge

1 TRAUBEsche Zelle – ein Modellversuch

Material: Kupfersulfat (Xn, N); Kaliumhexacyanoferrat-II; Wasser; Reagenzglas

Durchführung: In einem Reagenzglas mit 20 ml Wasser wird 1 g Kupfersulfat gelöst. Dieser Lösung ist ein großer Kristall Kaliumhexacyanoferrat zuzusetzen. Lassen Sie das Reagenzglas ruhig stehen und beobachten Sie.

Aufgaben:

a) Beschreiben Sie die Veränderungen im Reagenzglas.

b) Versuchen Sie diese Veränderungen zu erklären. (*Hinweis:* Die braune Haut besteht aus Kupferhexacyanoferrat-II. Der osmotische Wert der Kupfersulfatlösung ist geringer als der der Kaliumhexacyanoferratlösung.)

2 Plasmolyse

Material: Rote Küchenzwiebel; 1-molare Glucoselösung oder 10%ige Salzlösung; Filterpapier; Pinzette; Objektträger; Deckgläschen; Rasierklinge; Pipette; Wasser; Lichtmikroskop und Zubehör; Zeichengeräte; weißes Papier

Durchführung: Fertigen Sie ein Abzugspräparat eines Zwiebelhäutchens an (siehe Seite 8). Mikroskopieren Sie und fertigen Sie eine beschriftete Zeichnung an. Saugen Sie Salz- oder Zuckerlösung durch das Präparat und beobachten Sie. Zeichnen Sie in den nächsten fünf bis zehn Minuten das veränderte Präparat. Saugen Sie dann mehrmals Wasser durch das Präparat und beobachten Sie erneut.

Aufgaben:

a) Zeichnen Sie mindestens zwei Plasmolysestadien.

b) Erklären Sie die beobachteten Vorgänge.

3 Semipermeabilität bei Membranen lebender Pflanzenzellen

Material: Rote Rübe; Wasser; Ethansäure (C); Filterpapier; 3 Reagenzgläser; Gasbrenner; Rasierklinge oder Messer; Waage; Reagenzglasklammer

Durchführung: Schneiden Sie von einer Roten Rübe drei gleich große Würfel ab. Spülen Sie die Schnittflächen mit Wasser und trocknen Sie die Stücke mit Filterpapier ab. Bestimmen Sie die Massen der drei Rübenstücke. Trocknen Sie die Rübenwürfel zwei Tage an der Luft. Bestimmen Sie erneut die Massen. Geben Sie dann je einen Würfel in ein Reagenzglas. Das erste Reagenzglas füllen Sie mit Wasser auf. Das zweite Reagenzglas füllen Sie zur Hälfte mit Wasser und kochen es mehrmals kurz auf. In das dritte Reagenzglas geben Sie Ethansäure. Nach zwei bis drei Stunden werden die Stücke herausgenommen und die Massen bestimmt.

Aufgaben:

a) Notieren Sie die Beobachtungen in der Tabelle.

b) Erklären Sie Ihre Beobachtungen.

	Rübenstück 1	Rübenstück 2	Rübenstück 3
Frischmasse			
Masse nach dem Trocknen			
Farbe der Flüssigkeit im Reagenzglas			
Masse nach der Behandlung im Reagenzglas			

Diffusion und Osmose bei Pflanzenzellen

1 Modellversuche zur Osmose

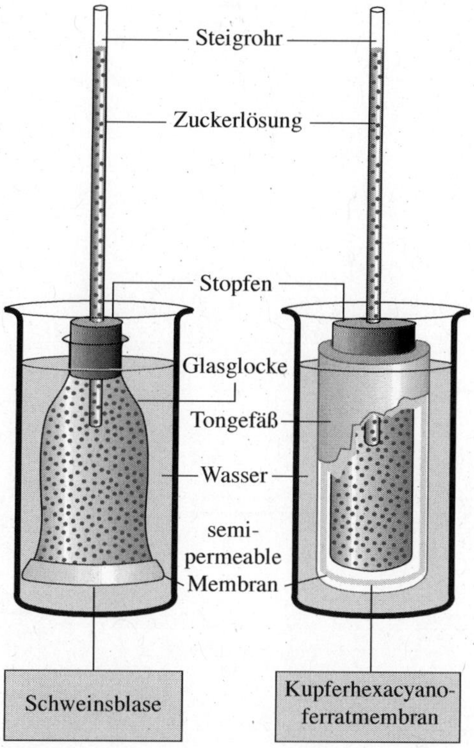

Die Abbildung zeigt ein Osmometer (links) und eine PFEFFERsche Zelle (rechts).

Aufgaben:

a) Beschreiben und erklären Sie die Veränderungen im Osmometer.

b) Vergleichen Sie kurz Osmometer und PFEFFERsche Zelle miteinander.

c) Ergänzen Sie die Tabelle zur Gegenüberstellung von PFEFFERscher Zelle und Pflanzenzelle.

2 Abzugspräparat einer unteren Epidermis

Material: Blatt eines Alpenveilchens oder einer *Tradescantia*; Rasierklinge; Pinzette; Objektträger; Deckgläschen; Wasser; destilliertes Wasser; Mikroskop und Zeichenzubehör; 1-molare Glucoselösung; Filterpapier

Durchführung: Stellen Sie ein Abzugspräparat der unteren Blattepidermis eines Alpenveilchens her. Belichten Sie Ihr Präparat einige Minuten intensiv. Fertigen Sie eine beschriftete mikroskopische Zeichnung an. Saugen Sie dann 1-molare Glucoselösung durch das Präparat und beobachten Sie. Saugen Sie anschließend destilliertes Wasser durch das Präparat und notieren Sie die Beobachtungen.

Aufgaben:

a) Definieren Sie die Begriffe Diffusion, Osmose und Turgor.

b) Erklären Sie die Öffnungs- und Schließbewegungen der Spaltöffnungen als ein besonderes osmotisches System. Nutzen Sie dazu Ihre Beobachtungen und die Abbildung der Spaltöffnungsbewegungen in der Seitenansicht.

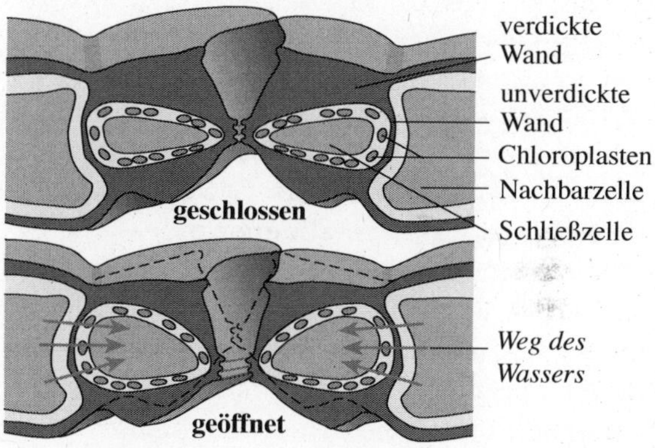

PFEFFERsche Zelle	Pflanzenzelle
äußeres Gefäß mit Wasser	
Tonzylinder	
semipermeable Kupferhexacyanoferratmembran	
Zuckerlösung	
Druck der Flüssigkeit im Steigrohr	

Transport von Wasser, Mineralsalzen und Assimilaten bei Pflanzen

1. Bei Untersuchungen über Transportvorgänge in Samenpflanzen wurden die Wurzeln von Maispflanzen geteilt und in zwei Gefäße mit unterschiedlichen Nährlösungen gebracht. Gefäß A enthielt eine normale Nährlösung, im Gefäß B wurde radioaktiv markiertes Phosphat (^{32}P) zugesetzt.
Nach sechs Stunden wurden alle Pflanzenteile auf radioaktiv markiertes Phosphat untersucht. In allen Teilen ließ sich ^{32}P nachweisen.
a) Erklären Sie das Ergebnis dieses Versuches.
b) Tragen Sie mithilfe von Pfeilen die Richtung der Transportvorgänge für die verschiedenen Stoffe in die Abbildung ein.

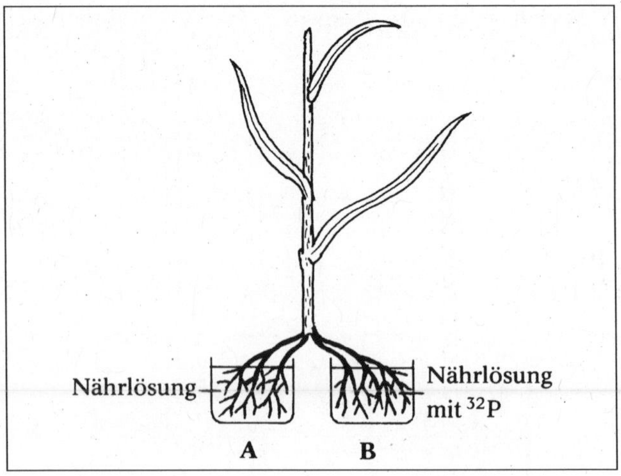

2. Im Jahre 1679 führte der italienische Naturforscher MALPIGHI folgende Versuche durch: Er entfernte bei verschiedenen Bäumen über den gesamten Umfang die Rinde bis zum Holz. Nach einigen Tagen stellte er fest, dass die Rinde oberhalb der Ringelungsstelle deutlich angeschwollen war. Alle Bäume mit Ringelung starben nach einiger Zeit ab.
Erklären Sie das Absterben der Bäume.

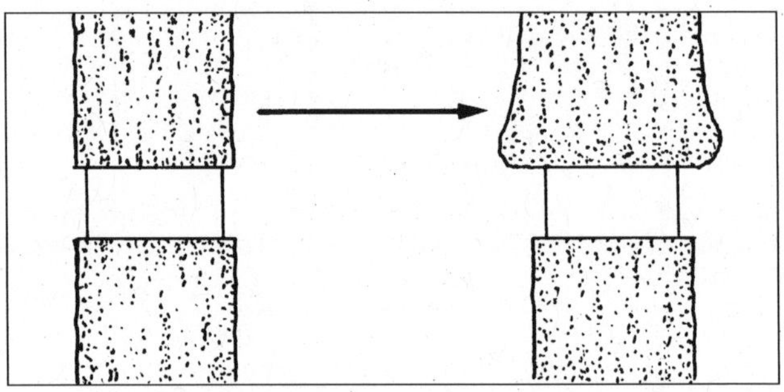

3. In der Abbildung ist ein Teil eines geringelten Stammes einer Weymouthskiefer dargestellt. Der Baum ist nicht abgestorben. Die Zeichnung wurde einige Jahre später angefertigt.
a) Vergleichen Sie diesen Ringelungsversuch und sein Ergebnis mit Aufgabe 2.
b) Vergleichen Sie den Zustand des Stammes direkt oberhalb und unterhalb der Ringelungszone. Begründen Sie den Unterschied.

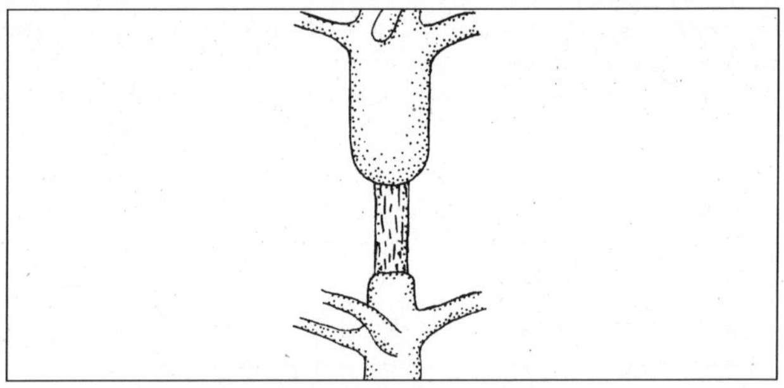

4. Die Abbildung zeigt den Mechanismus des Assimilattransportes.
a) Ordnen Sie den Ziffern die entsprechenden Begriffe zu.
b) Geben Sie Namen, Summenformel, vereinfachte Strukturformel und die Bedeutung des transportierten Zuckers an.
c) A bis E verdeutlichen Transportprozesse zwischen den Zellen. Geben Sie den jeweiligen Transportmechanismus an.

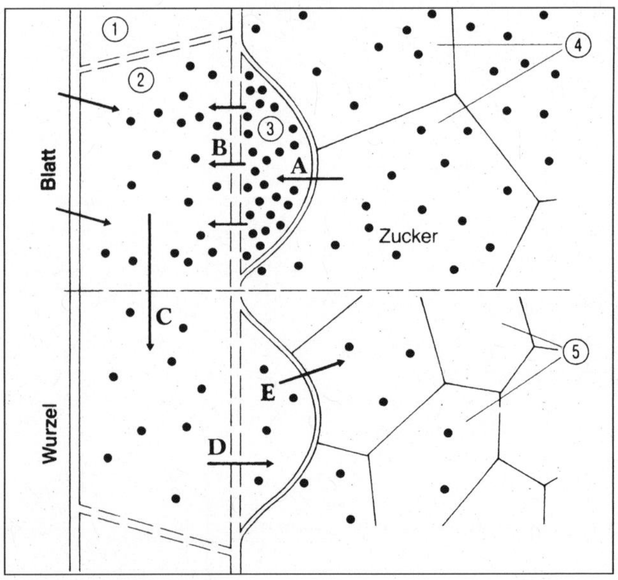

Transpiration bei Pflanzen

1. Die Verteilung der Stomata (Spaltöffnungen) auf den Blättern ist bei den einzelnen Arten unterschiedlich. Sie kann auch auf einer Pflanze zwischen Licht- und Schattenblättern differieren.
   a) Leiten Sie die verschiedenen Verteilungsformen für Stomata aus der Tabelle ab.
   b) Ordnen Sie alle in der Tabelle aufgeführten Pflanzen den Verteilungsformen zu.
   c) Erläutern Sie die Beziehung zwischen der Anordnung der Stomata auf den Blättern und dem Standort der Pflanze.

Pflanze	Spaltöffnungen Blattoberseite	Spaltöffnungen Blattunterseite	Standort
Pfirsich	0	225	trockene Standorte
Stiel-Eiche	0	450	mäßig feuchte bis trockene Standorte
Stumpfblättrige Weide	78	134	feuchte bis nasse Standorte
Schneeglöckchen	30	45	feuchte Standorte
Sumpfdotterblume	78	78	feuchte bis nasse Standorte
Seerose	490	0	Wasser, Schwimmblattpflanze
Wasserpest	0	0	Wasser, submers lebend

2. Abbildung A zeigt die Evaporation ① (Verdunstung über einer freien Wasserfläche) und die uneingeschränkte stomatäre Transpiration ② einer Pflanze im Verlauf eines Tages.
   a) Werten Sie die Abbildung A aus.
   b) Die geöffneten Spaltöffnungen machen nur etwa 1 bis 2 % der Blattoberfläche aus. Trotzdem ist die stomatäre Transpiration sehr hoch. Erklären Sie diesen Befund mithilfe der Abbildung B.
   c) Pflanzen sind in der Lage, die Transpiration zu steuern. Die Kurven ① bis ④ in der Abbildung C gelten für vier Pflanzen mit bestimmten Umweltbedingungen. Beschreiben Sie die Kurven und leiten Sie die jeweiligen Standortbedingungen ab.

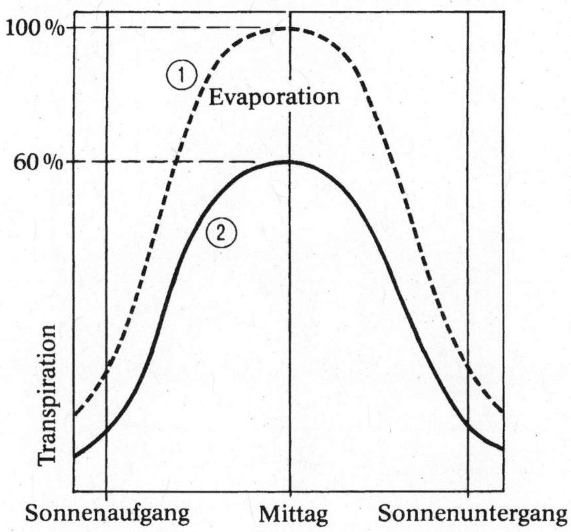

A

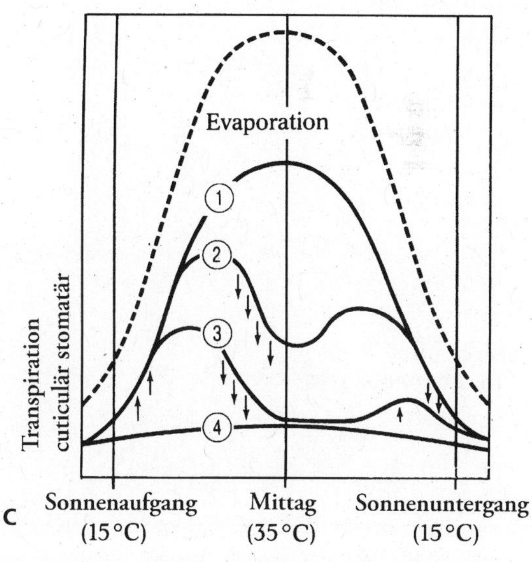

C

Abgabe von Wassermolekülen

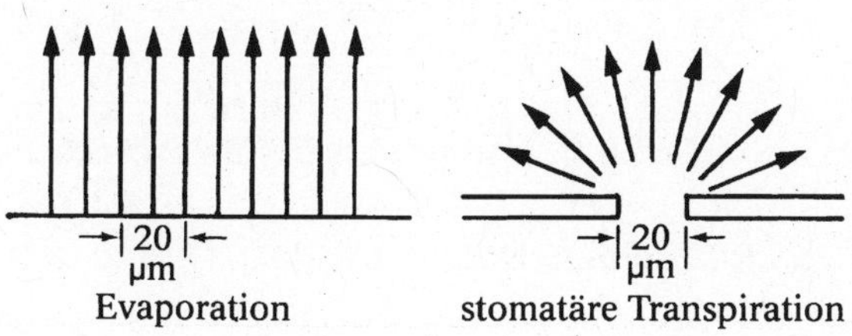

B

Standortbedingungen der Pflanzen:

① ____________________

② ____________________

③ ____________________

④ ____________________

Bau und Funktion von Zellkern und Ribosom

Material:

① **Der Zellkern**

Der Zellkern enthält die genetischen Informationen der Zelle und regelt ihre Stoffwechsel- und Teilungsvorgänge. Die DNA ist mit Proteinen in dünnen Chromatinfasern organisiert, die sich während der Kernteilung zu Chromosomen zusammenwinden.
In Zellen, die sich nicht teilen, ist das Chromatin mit einem oder mehreren Kernkörperchen assoziiert. Hier werden die Ribosomen synthetisiert. Makromoleküle und Ribosomen-Untereinheiten können durch die Poren der Kernhülle wandern und so ins Cytoplasma gelangen. Der Kern bildet mit dem umgebenden Endoplasmatischen Retikulum einen gemeinsamen Reaktionsraum.

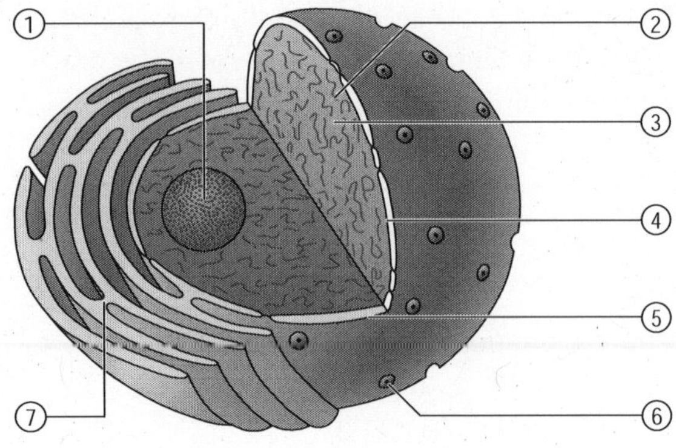

② **Ribosomen**

Ribosomen sind die Orte der Proteinbiosynthese. Sie vermitteln die spezifische Bindung der tRNA-Anticodons mit den Codons der mRNA. Ein Ribosom ist so klein, dass man es nur mithilfe eines Elektronenmikroskops sehen kann. Heute kennt man genaue Modelle von Ribosomen, die durch dreidimensionale Elektronenmikroskopie erstellt wurden. Sie zeigen, dass jedes Ribosom aus zwei Untereinheiten besteht, die wiederum aus Proteinen und ribosomalen RNA-Molekülen bestehen. Bei Eucyten werden diese Untereinheiten im Nucleolus synthetisiert. Sowohl bei Pro- als auch bei Eukaryoten vereinigen sich die beiden Untereinheiten erst dann zum funktionsfähigen Ribosom, wenn sie an die mRNA binden. Unterschiedlich ist jedoch der Ribosomentyp. In Procyten findet man kleinere Ribosomen des 70S-Typs, in Eucyten dagegen 80S-Ribosomen. Dieser Unterschied hat eine große Bedeutung für die Medizin. Hemmstoffe wie Tetracyclin oder Streptomycin können Ribosomen in Bakterien funktionslos machen, ohne die Proteinsynthese der eukaryotischen Zelle zu stören. Sie werden als Antibiotika bei bakteriellen Infektionen eingesetzt. Die Struktur eines Ribosoms spiegelt seine Funktion wieder. In dieser Darstellung wurden die neuesten wissenschaftlichen Kenntnisse berücksichtigt.

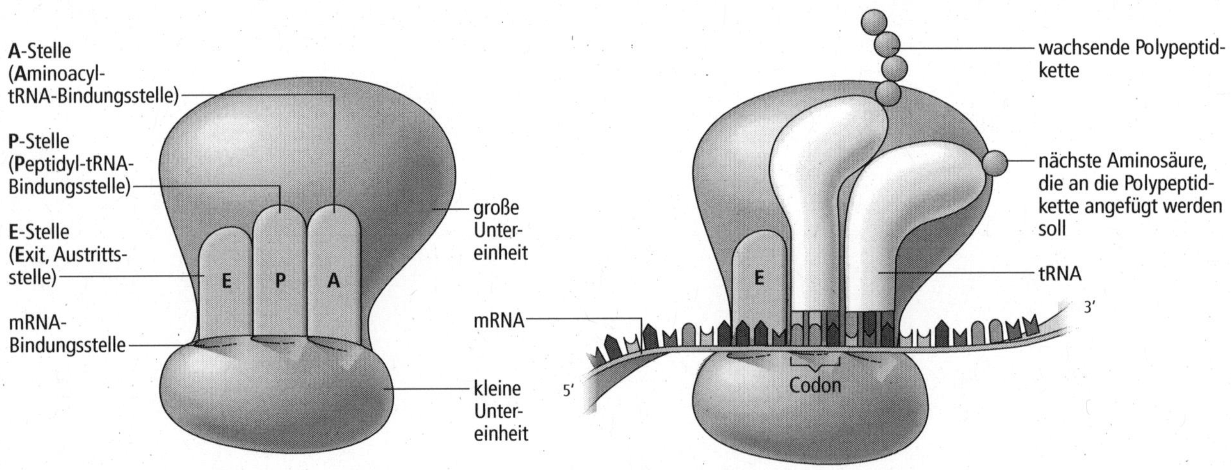

Aufgaben:

1. Benennen Sie die einzelnen Bestandteile des Zellkerns im Material ① und geben Sie die entsprechende Funktion dieser an.
2. Beschreiben Sie kurz Vorkommen, Bau und Funktion von Ribosomen. Nutzen Sie dazu ② und drei passende Erschließungsfelder. Geben Sie diese an und erläutern Sie.

Feinbau der Chromosomen

1. Die Abbildung zeigt verschiedene Darstellungsformen von Metaphasechromosomen. Ordnen Sie die Ziffern den einzelnen Teilen der Chromosomen zu.

   ① Centromer
   ② Chromatide
   ③ p-Arm
   ④ q-Arm
   ⑤ G-Banden

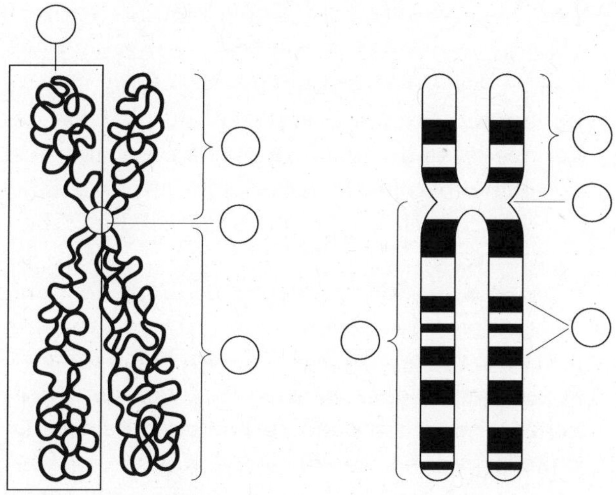

2. Nennen Sie die verschiedenen Bestandteile des Chromatins.

____

____

____

3. Die DNA ist in Form von Chromatinfäden verpackt. Trainieren Sie Ihr Materialverständnis, indem Sie die Fachbegriffe zum Packungszustand der DNA dem Text richtig zuordnen und fehlende Begriffe sinnvoll ergänzen.

   ① DNA
   ② Histonkomplex aus acht Histonmolekülen
   ① und ② Core-Partikel
   ③ Linker-DNA
   ④ Nucleosom
   ⑤ Chromatinfaden (Euchromatin)

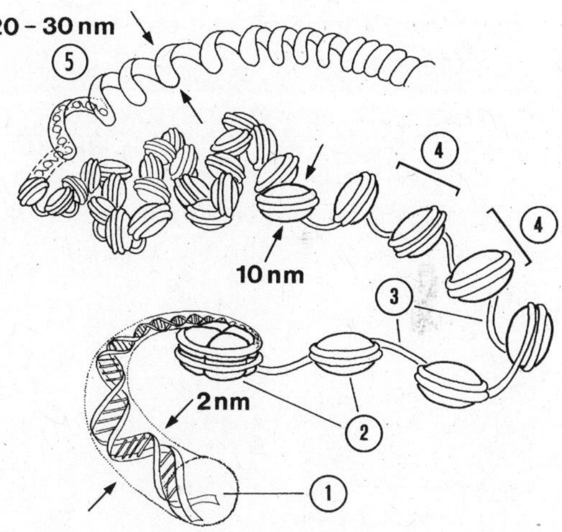

Der ____-Faden ist auf einen Komplex aus acht ____________________ gewickelt. Diesen Teil bezeichnet man als ____________________. Ihm folgt jeweils ein „nackter" DNA-Bereich von 40 bis 60 Nucleotidpaaren, die so genannte ____________. ____________________ und Linker-DNA fasst man als ____________ zusammen. Diese Nucleosomenkette hat einen Durchmesser von ________ nm. Während der ____________________ werden diese Fäden weiter gefaltet. Die entstehenden 20 bis 30 nm dicken Fibrillen werden auch als ____________________ bezeichnet. Diese schwach färbbaren Abschnitte am Chromosom nennt man ____________________. Bei stärker gewickelten Fäden entstehen 50 bis 120 nm dicke Strukturen, die als ____________________ zusammengefasst werden.

Nucleinsäure – die DNA

1. Der amerikanische Molekularbiologe GRIFFITH experimentierte 1928 mit Pneumokokken-Stämmen, Erregern der Lungenentzündung. Der so genannte S-Stamm (S von smooth: glatt) ist gekennzeichnet durch eine Schleimkapsel, die zwei zusammenhängende Zellen umhüllt. Er wächst auf Nährböden zu Kolonien mit glatter Oberfläche heran. Die S-Pneumokokken rufen bei Mäusen eine tödlich verlaufende Lungenentzündung hervor. Der andere Stamm, der so genannte R-Stamm (R von rough: rau), trägt keine Schleimkapsel, wird daher von den Enzymen der Wirtszellen angegriffen und ruft folglich keine Lungenentzündung hervor. Seine Kolonien haben eine raue Oberfläche. GRIFFITH führte die rechts dargestellten Untersuchungen durch.
   a) Beschreiben Sie die Versuchsreihe und ihre Ergebnisse.
   b) Zu welcher Verallgemeinerung kam GRIFFITH mit diesen Ergebnissen?
   c) AVERY und seine Mitarbeiter nahmen die Versuche 1944 wieder auf. Informieren Sie sich über diese Versuchsreihen und das daraus resultierende Ergebnis.

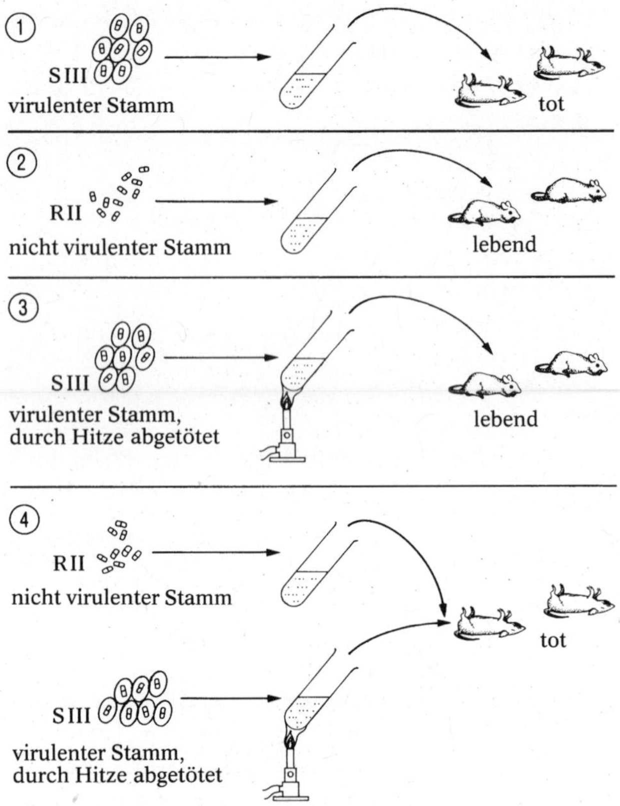

2. Die Abbildung zeigt von der Doppelhelix ausgehend einen kurzen DNA-Abschnitt.
   a) Ordnen Sie den Ziffern die entsprechenden Begriffe zu.
   b) Beschreiben Sie den Aufbau einer DNA mithilfe der Abbildung und unter Nutzung des Erschließungsfeldes „Ebene".

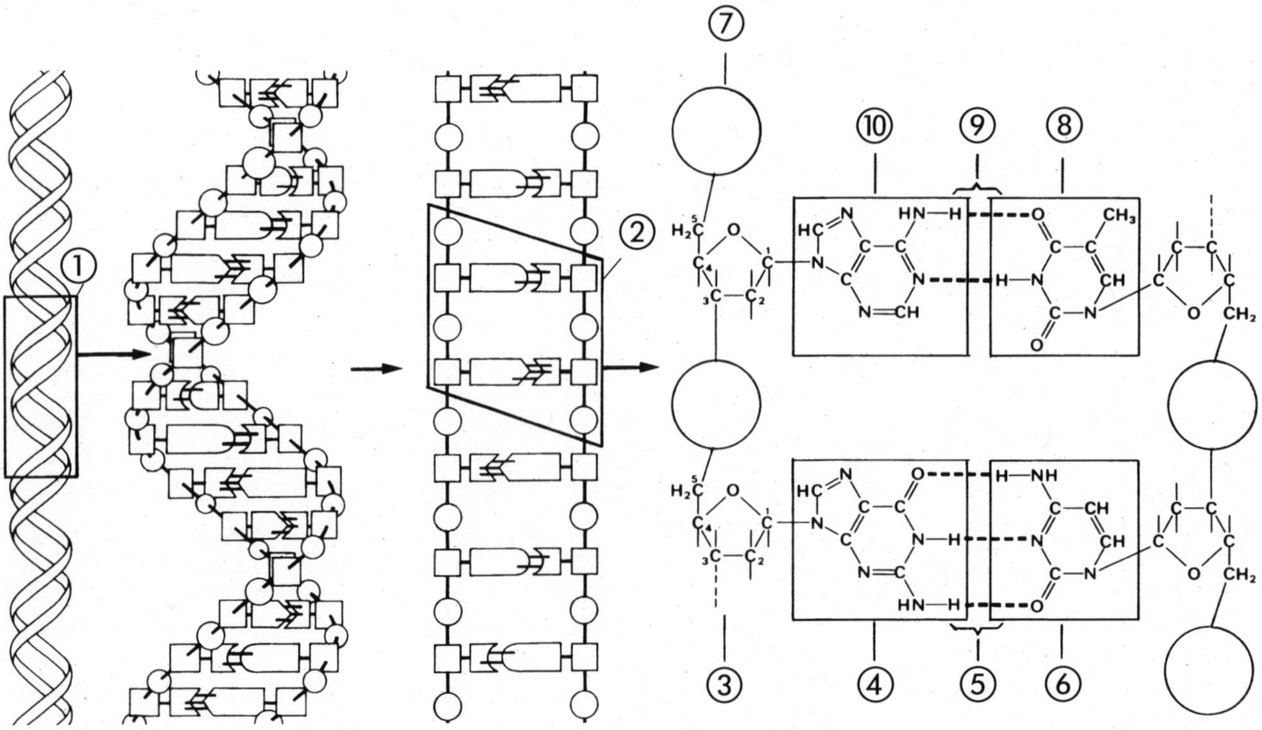

Proteinbiosynthese – Transkription

1. Geben Sie die Merkmale des genetischen Codes an. Beziehen Sie das Erschließungsfeld „Information“ in Ihre Überlegungen ein.

2. Beschriften Sie die Abbildung und beschreiben Sie den Ablauf der Transkription bei Prokaryoten.

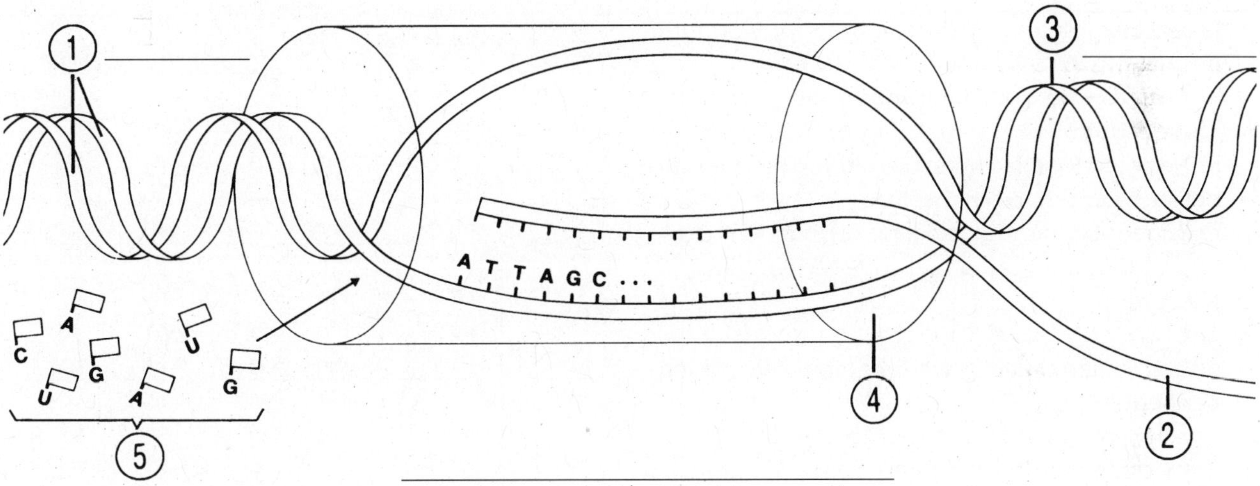

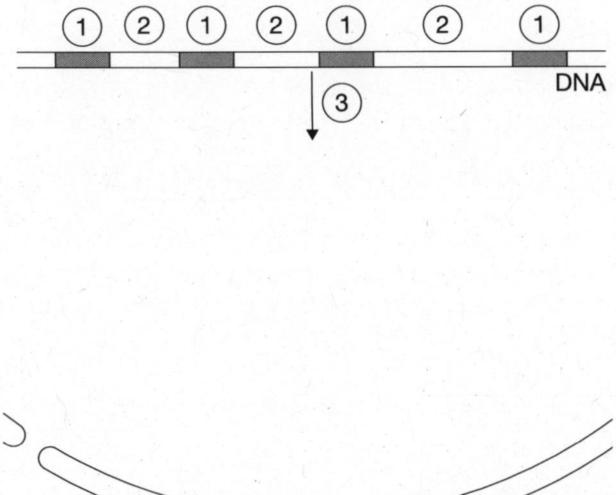

3. Bei Eukaryoten verläuft die Transkription etwas komplizierter. Zeichnen Sie die fehlenden Vorgänge zur Bildung einer Eukaryoten-mRNA ein und beschriften Sie Ihre Skizze.

① Exon ②

③

Proteinbiosynthese – Translation

1. Beschreiben Sie den Ablauf der Translation mithilfe der Abbildung.

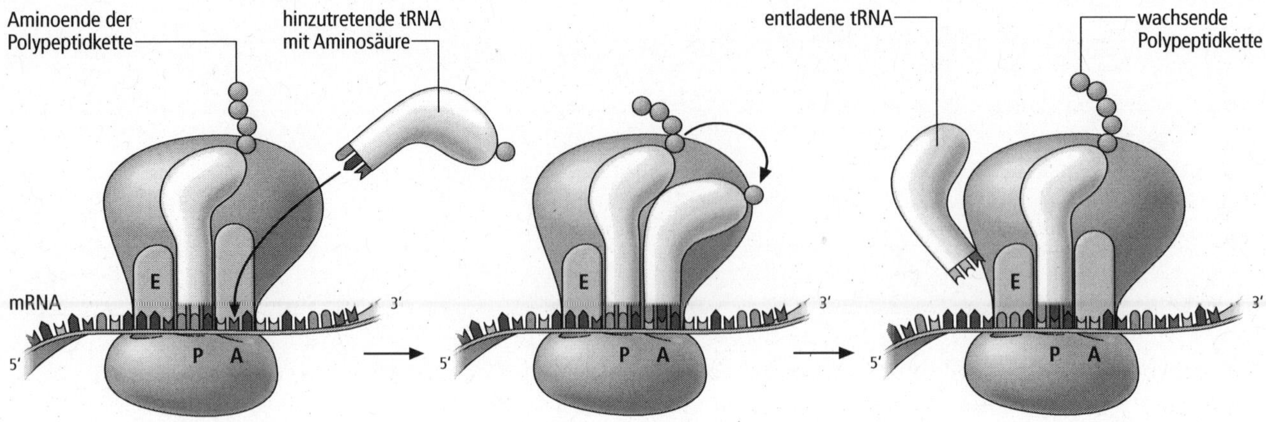

2. Lösen Sie folgende Aufgaben zur Anwendung des genetischen Codes.
   a) Notieren Sie die Codierung für alle Start- und Stoppzeichen.
   b) Notieren Sie alle Triplettvarianten, die die Aminosäure Leucin verschlüsseln.
   c) Bilden Sie zu folgendem codogenen DNA-Strang die mRNA und die entsprechenden Aminosäuren:
   TAC CGT AGT GCG GGG ...
   d) Das Insulin vom Schwein beginnt mit folgender Sequenz:
   Gly Ile Val Glu Gln Cys Cys Thr Ser Ile Cys ...
   Entwickeln Sie drei mögliche mRNA-Sequenzen, die diese Sequenz verschlüsseln.

Erste Base	Zweite Base				Dritte Base
5'-Ende	U	C	A	G	3'-Ende
U	Phe	Ser	Tyr	Cys	U
	Phe	Ser	Tyr	Cys	C
	Leu	Ser	*„Stopp"*	*„Stopp"*	A
	Leu	Ser	*„Stopp"*	Trp	G
C	Leu	Pro	His	Arg	U
	Leu	Pro	His	Arg	C
	Leu	Pro	Gln	Arg	A
	Leu	Pro	Gln	Arg	G
A	Ile	Thr	Asn	Ser	U
	Ile	Thr	Asn	Ser	C
	Ile	Thr	Lys	Arg	A
	Met *„Start"*	Thr	Lys	Arg	G
G	Val	Ala	Asp	Gly	U
	Val	Ala	Asp	Gly	C
	Val	Ala	Glu	Gly	A
	Val	Ala	Glu	Gly	G

3. Vergleichen Sie die Proteinbiosynthese bei Pro- und Eukaryoten. Legen Sie eigene Vergleichspunkte fest.

	Proteinbiosynthese bei Prokaryoten	Proteinbiosynthese bei Eukaryoten
Gemeinsamkeiten		

Genregulation

1. Das Hämoglobin des Menschen ist ein Tetramer, das heißt, mit der zentralen Hämgruppe sind jeweils zwei Paare ungleicher Polypeptidketten verbunden. Folgende Polypeptidketten sind relativ häufig vertreten:
α (Alpha), β (Beta), γ (Gamma), δ (Delta), ε (Epsilon). Während der Individualentwicklung eines Menschen ist ein Wandel in der molekularen Zusammensetzung des Hämoglobins zu beobachten. Der relative Anteil der einzelnen Polypeptidketten ist in der Abbildung rechts dargestellt.
a) Beschreiben Sie die dargestellten Befunde.
b) Erklären Sie das unterschiedliche Auftreten der Polypeptidketten mithilfe einer Modellvorstellung.

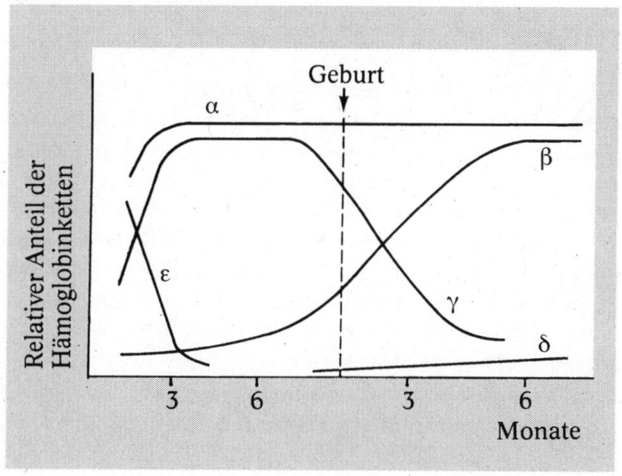

2. JACOB und MONOD leiteten im Jahr 1961 das Prinzip der Genregulation ab. Das Modell konnte für eine Reihe von Enzymsynthesen bei Bakterien nachgewiesen werden. Erläutern Sie anhand der schematischen Zeichnung eine allgemeine Enzyminduktion.

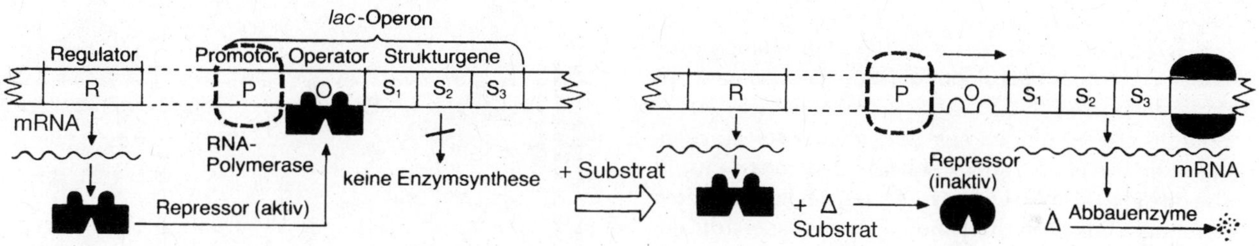

3. Die enzymatisch gesteuerte Synthese der Aminosäure Tryptophan bei *E. coli* führte zur Entdeckung der Repression der Genaktivität durch das Endprodukt.
a) Beschriften Sie die modellhafte Skizze zur Enzymrepression.
b) Erläutern Sie dann unter Berücksichtigung des Erschließungsfeldes „Regulation" den Ablauf und das Zustandekommen der Repression der Genaktivität an diesem Beispiel.

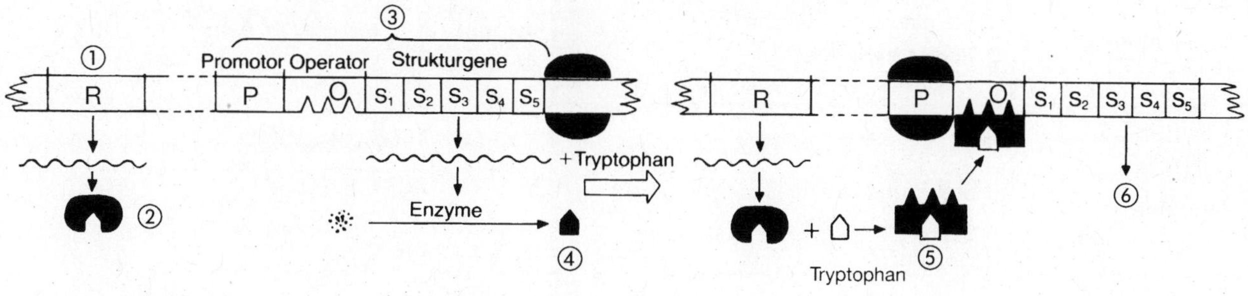

① ______________ ③ ______________ ⑤ ______________

② ______________ ④ ______________ ⑥ ______________

Proteine – Produkte der Proteinbiosynthese

Material:

① Die vier Ebenen der Proteinstruktur

Über 50 Prozent des Trockengewichts einer Zelle besteht aus Proteinen. Sie können vielfältige Funktionen in der Zelle erfüllen und zählen zu den strukturell am höchsten entwickelten Molekülen. Trotz ihrer Vielgestaltigkeit sind alle Proteine aus den gleichen Grundbausteinen, den Aminosäuren, aufgebaut. Es gibt in Proteinen 20 verschiedene Aminosäuren, die über Peptidbindungen miteinander verknüpft sind. Die Reihenfolge dieser Aminosäuren bestimmt die Primärstruktur der Polypeptidkette. Diese Strukturebene ist von der Auswahl und Anzahl der verknüpften Aminosäuren abhängig.

Die Polypeptidketten falten oder drehen sich zu einer weiteren Strukturebene auf. Dabei können Sekundärstrukturen in Form von Spiralen ausgebildet werden. Eine solche α-Helix wird durch Wasserstoffbrückenbindungen zusammengehalten. Eine zweite Möglichkeit ist die Faltblattstruktur. Hier sind die Peptidketten zickzackförmig nebeneinander angeordnet.

Sind die Polypeptidketten weiter zu einer unregelmäßigen räumlichen Gestalt verdreht, so entsteht eine Tertiärstruktur. Hier wirken weitere chemische Bindungen stabilisierend zwischen den Polypeptidketten. So bilden sich zwischen den Resten zweier Cystein-Aminosäuren stabile Elektronenpaarbindungen aus, die so genannten Disulfidbrücken (–S–S–).

Einige Proteine können aus zwei oder mehr Polypeptidketten bestehen. Die so gebildete Quartärstruktur ist also die Gesamtstruktur eines Proteins, das aus mehreren Untereinheiten besteht. Hämoglobin, das sauerstoffbindende Protein der roten Blutzellen, ist ein Beispiel für eine Quartärstruktur.

② Proteine – die vielseitigsten Biopolymere

Proteintyp	Funktion(en)
Strukturproteine	Formgebung, Halt
Speicherproteine	Speicherung von Aminosäuren, Reserve
Transportproteine	Transport von Stoffen
Hormone	Steuerung von Wachstum und Stoffwechsel
Rezeptorproteine	Aufnahme chemischer Signale
kontraktile Proteine	Bewegung
Abwehrproteine	Schutz, Immunantwort
Enzyme	Steuerung von Reaktionen, Biokatalysatoren
Gifte	Abwehr

③ Strukturebenen eines Proteins

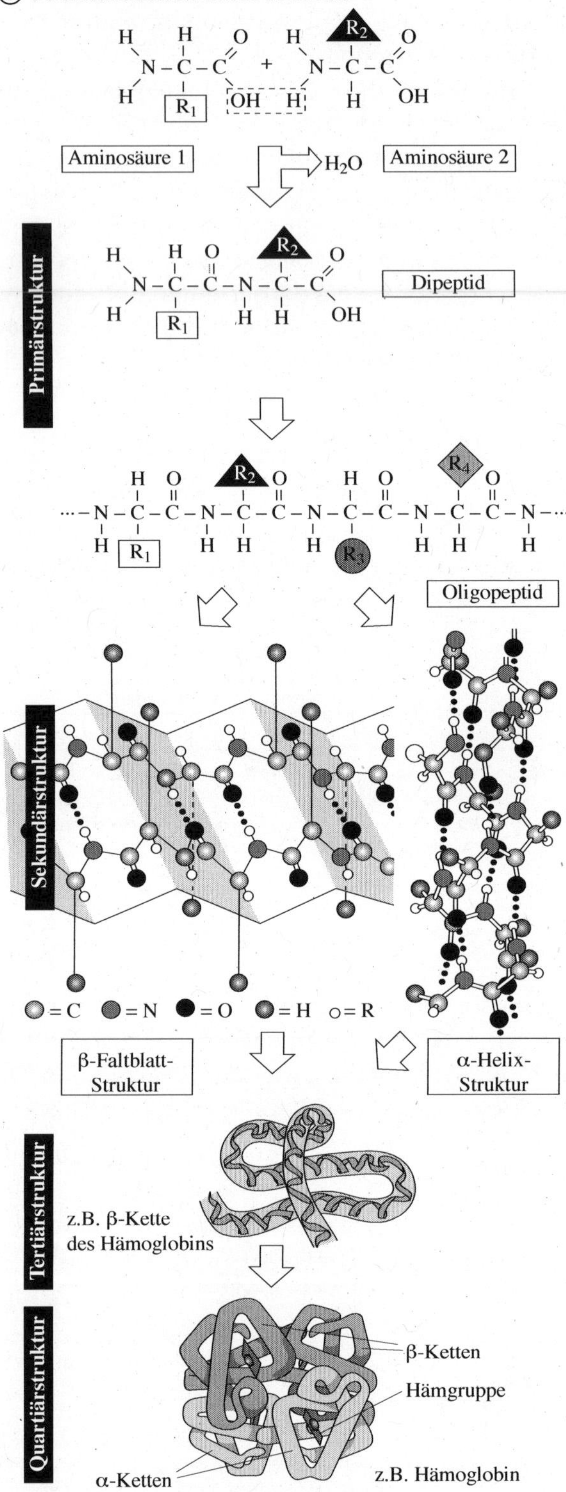

Aufgaben:

1. Nennen Sie die vier Strukturebenen eines Proteins mithilfe von ① und ③ und charakterisieren Sie diese kurz. Nutzen Sie auch das Erschließungsfeld „Ebene“.
2. Stellen Sie zu jedem in ② vorgestellten Proteintyp zwei konkrete Beispiele zusammen.

Das Cytoskelett

Material:

① Die Bedeutung des Cytoskeletts

Die Form einer tierischen Zelle und die innere Architektur des Zellplasmas werden zum größten Teil durch fadenförmige Proteinstrukturen bestimmt, die zusammenfassend als Cytoskelett bezeichnet werden. Man unterscheidet drei Gruppen solcher Proteinfilamente: die 6 nm starken *Mikrofilamente*, die größeren *Mikrotubuli* und die *Intermediärfilamente*, die einen Durchmesser von 10 nm haben. Die letzte Gruppe kommt nur in Zellen von Vögeln und Säugetieren vor.

Der Begriff „Skelett" darf nicht missverstanden werden: Alle Elemente des Cytoskelettes unterliegen ständigen Veränderungen und ordnen sich immer neu im Raum an. So verankern die Intermediärfilamente den Zellkern und andere Zellorganellen. Auch die Form des Zellkerns wird durch sie bestimmt. Die Zusammensetzung von Intermediärfilamenten ist recht unterschiedlich. Alle Formen bestehen jedoch aus zu dickeren Kabeln spiralisierten Proteinen. Ein Grundbaustein ist zum Beispiel das Keratin.

Mikrotubuli und Mikrofilamente sind an vielen Bewegungssystemen beteiligt. Beide bestehen aus gedrehten, linearen Polymeren. Die Mikrotubuli bilden auch Geißeln und Cilien bei vielen Einzellern. Außerdem bilden sie den Spindelapparat bei der Kernteilung. Mikrofilamente sind zum Beispiel an der Muskelkontraktion des Menschen beteiligt.

② Abbildungen zum Cytoskelett

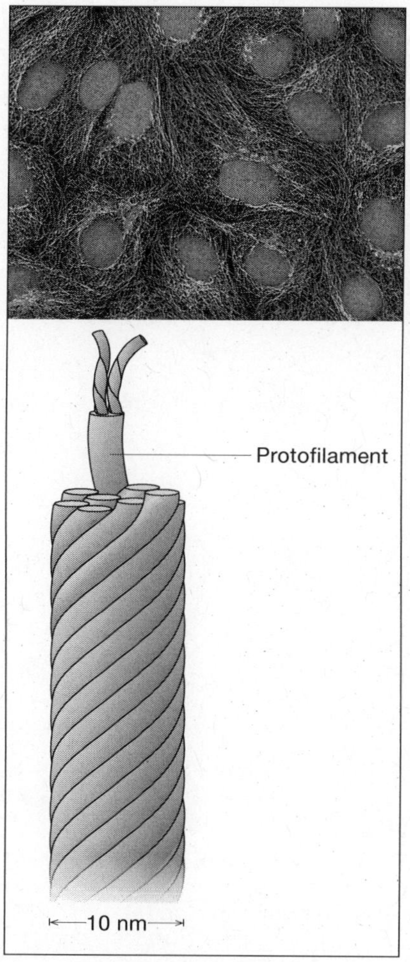

Intermediärfilamente im mikroskopischen Bild und im Schema

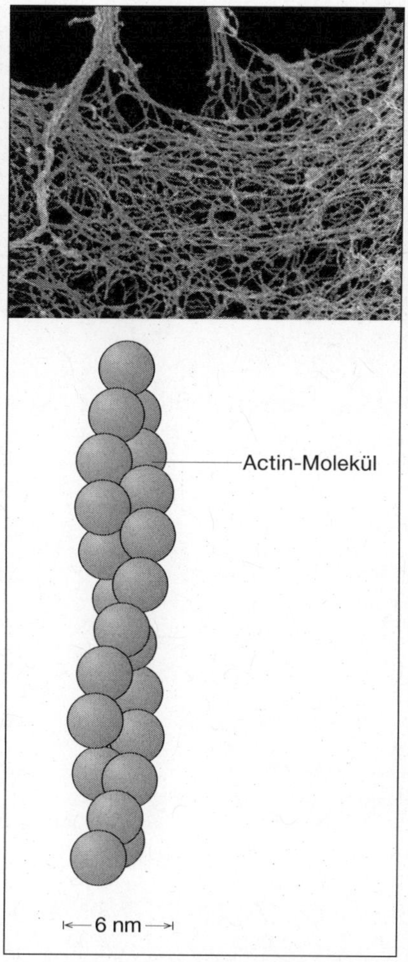

Mikrofilamente im mikroskopischen Bild und einzeln im Schema

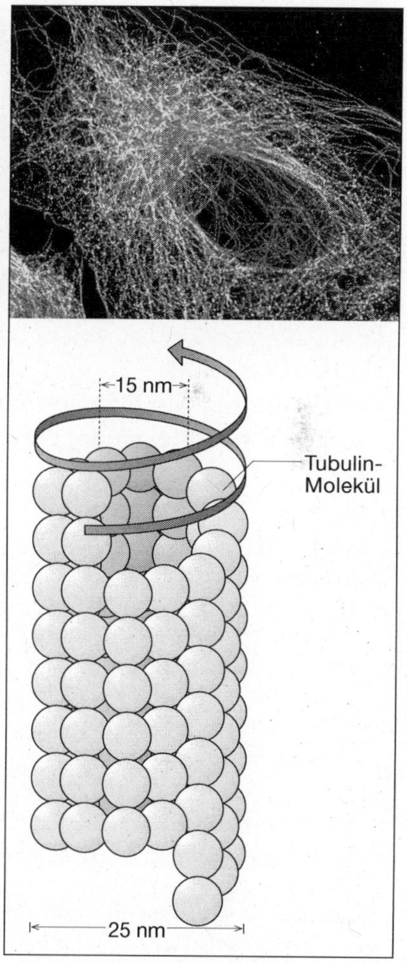

Mikrotubuli im mikroskopischen Bild und einzeln im Schema

Aufgabe:

Stellen Sie mithilfe von ① und ② die drei wichtigsten Gruppen des Cytoskelettes in einer tabellarischen Übersicht zusammen. Treffen Sie Aussagen zu Struktur, Durchmesser, Grundbausteinen und Funktionen.

Bau und Wirkungsweise von Enzymen

1. Mit dem Zweifachzucker Maltose werden folgende Experimente durchgeführt.

Maltose wird in Wasser gelöst, mit Salzsäure versetzt und für kurze Zeit auf 100 °C erhitzt. Nach dem Abkühlen lässt sich mit Glucose-Teststreifen Glucose nachweisen.

Maltose wird in Wasser gelöst, mit Maltase versetzt und dann in ein Wasserbad mit 37 °C gestellt. Nach dem Abkühlen lässt sich ebenfalls Glucose nachweisen.

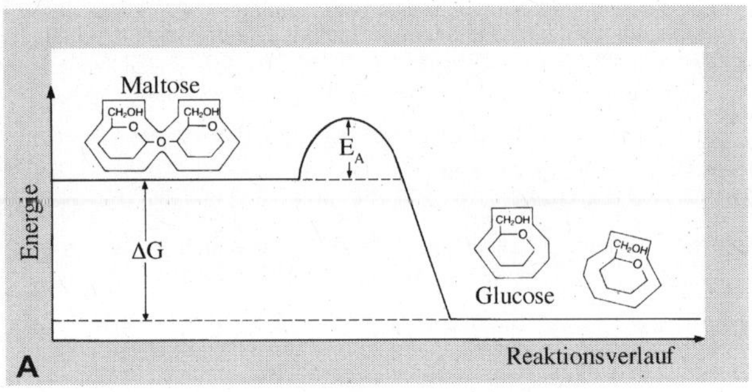

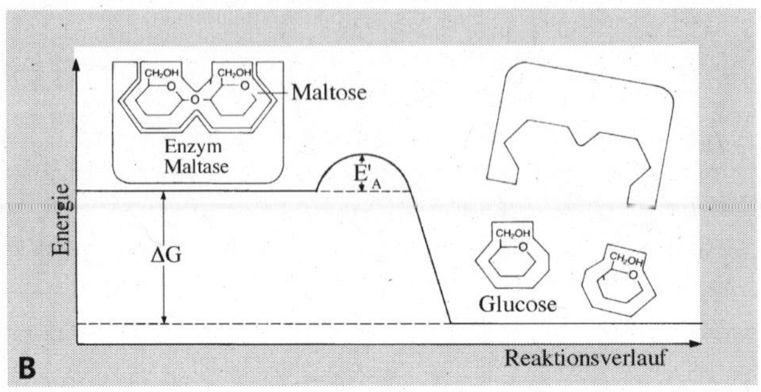

a) Stellen Sie Wortgleichungen für die Experimente A und B auf. Kennzeichnen Sie die Reaktionsbedingungen am Reaktionspfeil.
b) Vergleichen Sie beide Energie-Zeit-Diagramme miteinander. Leiten Sie dann wesentliche Merkmale einer enzymatischen Reaktion ab.

2. Die Abbildung zeigt schematisch den Verlauf einer Enzymreaktion.
a) Beschreiben Sie wesentliche Baumerkmale eines Enzyms.
b) Beschreiben Sie den Ablauf dieser Reaktion.

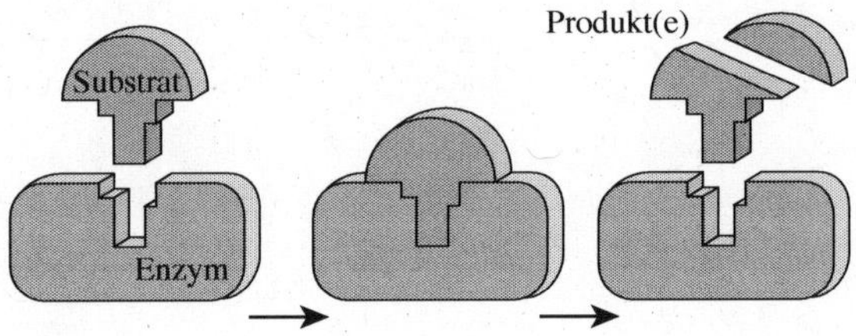

3. Außenfaktoren wie Temperatur und pH-Wert bestimmen die Aktivität von Enzymen. Erläutern Sie diese Aussage anhand folgender Diagramme.

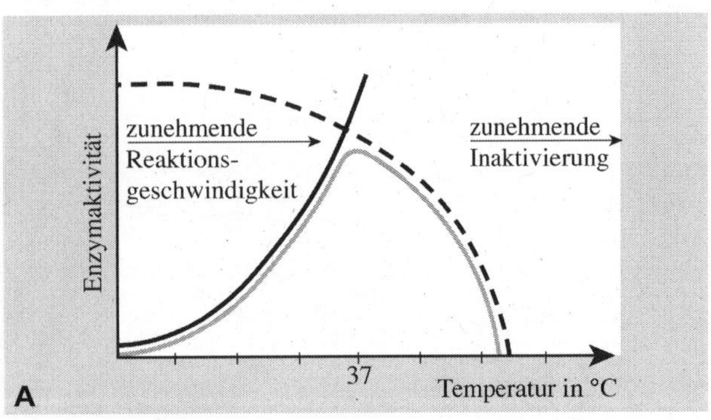

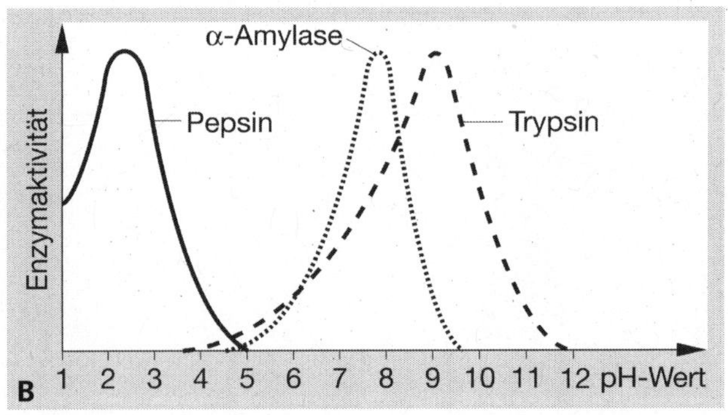

4. Enzymgruppen werden nach ihrer Funktion eingeteilt. Ergänzen Sie drei Beispiele in der Tabelle.

Enzymgruppe	Wirkung

Biologie heute entdecken

Enzymhemmung

1. Die Abbildung zeigt den typischen Verlauf einer Enzymreaktion.
   a) Beschreiben und deuten Sie den Kurvenverlauf im Hinblick auf die Umsatzkapazität des Enzyms.
   b) Vergleichen Sie die Punkte ① und ③ unter folgenden Aspekten: Substratkonzentration, Reaktionsgeschwindigkeit und Umsatzkapazität.
   c) Punkt ④ gibt eine wichtige Enzymkonstante an. Benennen und definieren Sie diese Größe.

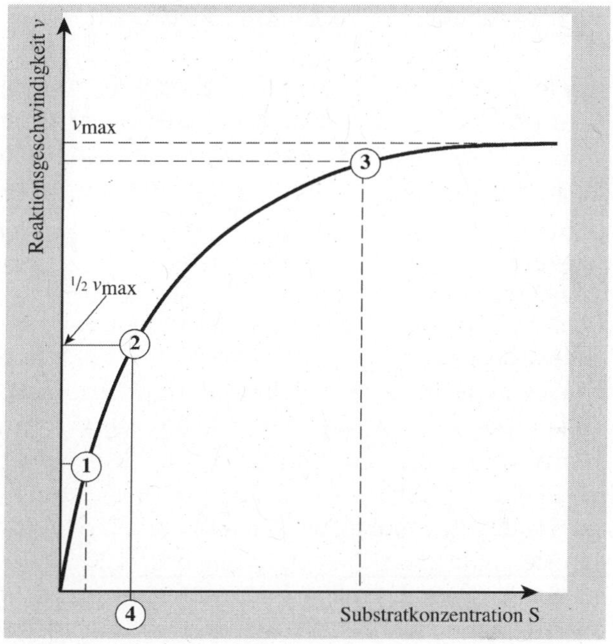

2. Ergänzen Sie folgende Tabelle.

	kompetitive Hemmung	nichtkompetitive Hemmung (allosterische Hemmung)
Abbildung	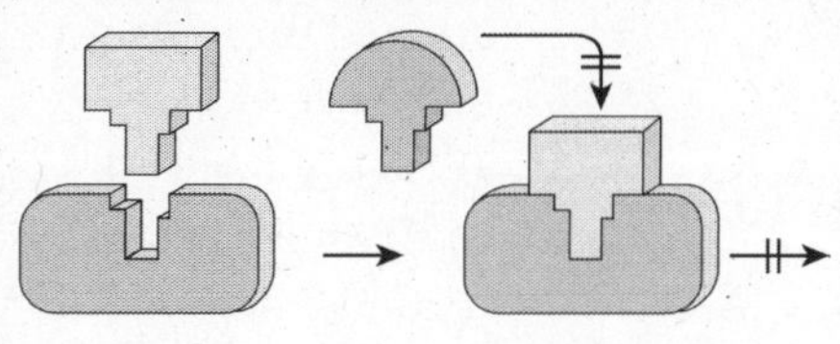	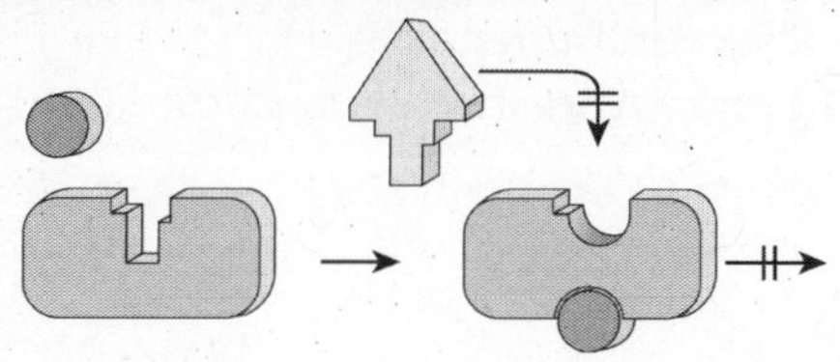
Beispiel		
Bau des Enzyms		
Struktur des Hemmstoffes		
Bindung des Hemmstoffes an das Enzym		
Hemmung erfolgt durch:		
Erhöhung der Substratkonzentration bewirkt:		

Enzymaktivität

1 Urease katalysiert die Hydrolyse von Harnstoff

Material: 10 %ige Harnstofflösung; 10 %ige Thioharnstofflösung (Xn); Urease; Phenolphtaleinlösung (F); Wasserbad; Gasbrenner; Thermometer; 3 Reagenzgläser; Stopfen

Durchführung: Stellen Sie im ersten Reagenzglas eine Urease-Suspension her, indem Sie eine Spatelspitze Urease in 10 ml Wasser geben und gut schütteln. Füllen Sie dann in das zweite Reagenzglas 3 ml Harnstofflösung. In das dritte Reagenzglas geben Sie 3 ml der Thioharnstofflösung. Geben Sie zu diesen beiden Reagenzgläsern jeweils etwa fünf Tropfen des Indikators Phenolphthalein und 5 ml der Urease-Mischung. Stellen Sie die Reagenzgläser in ein Wasserbad bei 37 °C.

Aufgaben:

a) Protokollieren Sie Ihre Beobachtungen.

b) Stellen Sie die Reaktionsgleichung für die Hydrolyse von Harnstoff auf.

c) Erklären Sie Ihre Beobachtungen.

2 Enzymreaktionen sind temperaturabhängig

Material: Stärkelösung; α-Amylase; Iod-Kaliumiodidlösung; Wasser; Wasserbad; Gasbrenner; Thermometer; 8 Reagenzgläser

Durchführung: Stellen Sie eine α-Amylase-Suspension her, indem Sie in 10 ml Wasser eine Spatelspitze α-Amylase geben und gut schütteln. Füllen Sie je 2 ml der Enzymsuspension in vier Reagenzgläser. Geben Sie Iod-Kaliumiodidlösung zur Stärkelösung, bis eine gut sichtbare Blaufärbung eintritt. Verteilen Sie dann je 2 ml der gefärbten Stärkelösung in die restlichen vier Reagenzgläser. Stellen Sie je ein Reagenzglas mit der vorbereiteten Stärkelösung und ein Reagenzglas mit der Enzymlösung in ein Wasserbad bei 10 °C. Warten Sie etwa fünf Minuten und geben Sie dann beide temperierten Lösungen zusammen. Schütteln Sie vorsichtig und messen Sie die Zeit bis zur Entfärbung. Wiederholen Sie den Versuch mit drei weiteren Ansätzen bei 20 °C, 40 °C und 60 °C.

Aufgaben:

a) Fertigen Sie ein Versuchsprotokoll an.

b) Stellen Sie die Wortgleichung für diese Reaktion auf und erklären Sie die Versuchsergebnisse. Gehen Sie auch auf den Stärkenachweis ein.

3 Wasserstoffperoxid wird katalytisch zersetzt

Material: eine rohe und eine gekochte Kartoffel; 10 %ige Wasserstoffperoxidlösung (Xi); Kupfer(II)-sulfatlösung (Xn, N); Silbernitratlösung; verdünnte Salzsäure (C); verdünnte Natronlauge (C); Braunstein (Xn); 7 Petrischalen oder Uhrgläser; Pipette; Messer

Durchführung: Schneiden Sie die Kartoffeln in etwa 0,5 cm dicke Scheiben. Legen Sie fünf Scheiben rohe Kartoffel und eine Scheibe gekochte Kartoffel in die Schalen. Geben Sie dann die in der Tabelle genannten Substanzen dazu und notieren Sie Ihre Beobachtungen in der Tabelle unten.

Aufgaben:

a) Leiten Sie aus Ihren Beobachtungen entsprechende Eigenschaften des Enzyms Katalase ab.

b) Erläutern Sie den Ablauf der hier katalysierten Reaktion und geben Sie die Reaktionsgleichung an.

c) Erläutern Sie kurz die Unterschiede zwischen dem Versuch 7 und den Versuchen 1 bis 6.

Versuch Nr.	Ansatz	Beobachtung
1	rohe Kartoffel + H_2O_2	
2	gekochte Kartoffel + H_2O_2	
3	rohe Kartoffel + H_2O_2 + HCl	
4	rohe Kartoffel + H_2O_2 + NaOH	
5	rohe Kartoffel + H_2O_2 + $CuSO_4$	
6	rohe Kartoffel + H_2O_2 + $AgNO_3$	
7	H_2O_2 + MnO_2	

Zellbiologie I

1. Beschreiben Sie die Arbeitsweise eines Lichtmikroskops und vergleichen Sie diese mit der Arbeitsweise eines Elektronenmikroskops.

2. Beschriften Sie die schematische Abbildung der Pflanzenzelle.

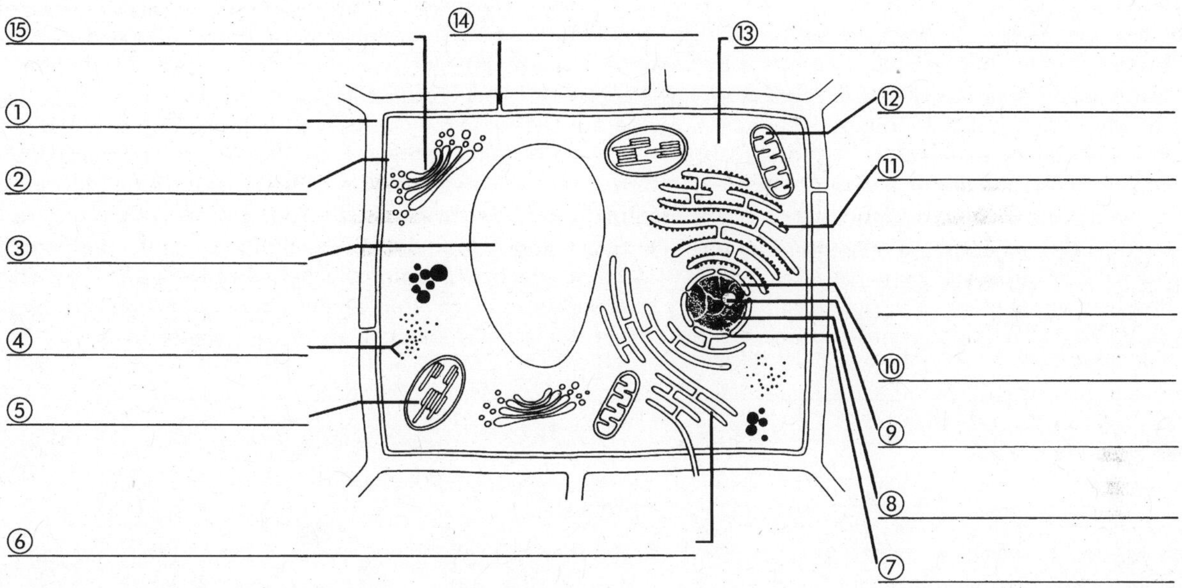

3. Procyten und Eucyten sind zwei unterschiedliche Strukturtypen in der Cytologie. Legen Sie eine Tabelle an und vergleichen Sie beide Zelltypen miteinander. Stellen Sie mindestens sieben Vergleichspunkte auf.

4. Eine Schülerin gestaltet eine Mindmap zum Thema „Differenzierung von Pflanzenzellen".
   a) Ergänzen Sie die fehlenden Angaben.
   b) Definieren Sie die Begriffe Zelle und Gewebe.

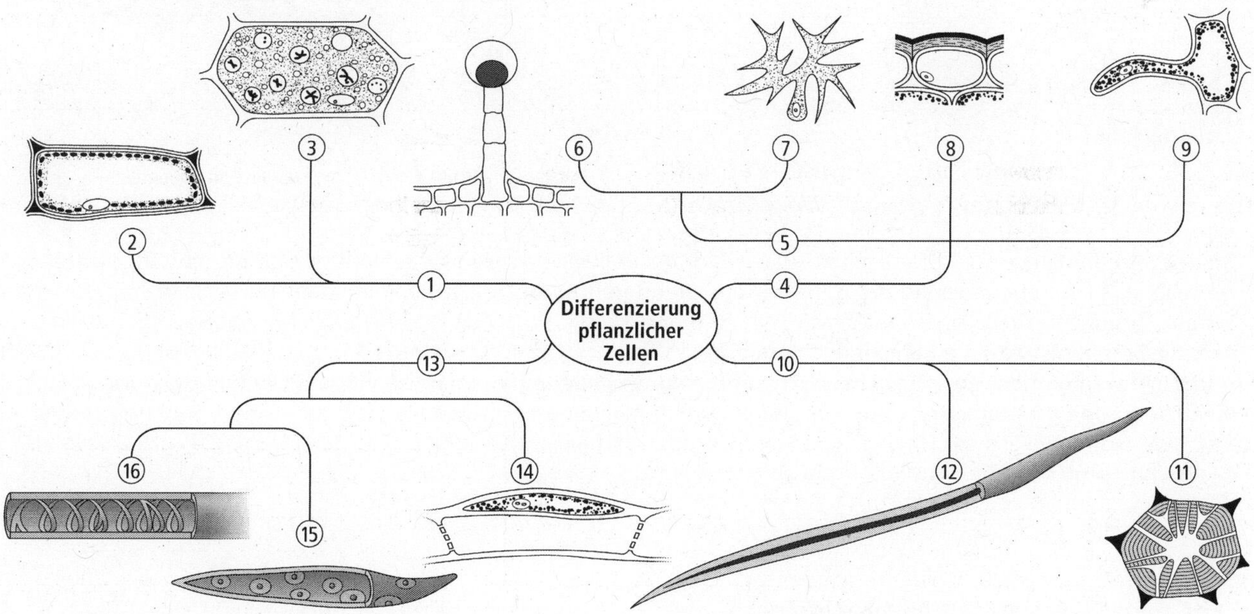

5. Reife Kirschen platzen bei Regen. Erklären Sie dieses Phänomen mithilfe des Erschließungsfeldes „Wechselwirkung".

Zellbiologie II

Material:

Ubiquitin – ein Polypeptid als „Müllsortierer"

Der Chemie-Nobelpreis 2004 wurde an Aaron CIECHANOVER, Avram HERSHKO und Irwin ROSE vergeben. Sie entdeckten, wie Zellen unerwünschte Proteine selektiv zum Abbau markieren und eröffneten so völlig neue Forschungsmöglichkeiten.

Jede Körperzelle besitzt ihr ganz spezielles Proteinsortiment, das sie ständig in Ordnung halten und von nicht benötigten Proteinen befreien muss. Kernstück des zelleigenen „Abfallsortiersystems" ist das Polypeptid Ubiquitin. Es besteht aus 76 Aminosäuren und dirigiert ausrangierte Proteine in die Proteasomen zum Abbau.

Proteasomen sind fassförmige Proteinkomplexe, die darauf spezialisiert sind, in ihrem Inneren Proteine in kleine Peptideinheiten zu zerlegen. Immerhin enthält jede Zelle etwa 30000 Proteasomen. Woher „wissen" diese Komplexe jedoch, welche Proteine zum Abbau freigegeben sind? Die Forscher fanden heraus, dass solchen Proteinen ein Schwanz aus mehreren Ubiquitinmolekülen angehängt wird. Erreichen sie die Proteasomen, öffnet sich dort eine Eintrittsstelle. Wie die Nobelpreisträger um 1980 zeigen konnten, sind drei Enzymfamilien an der Bildung des „Ubiquitinschwanzes" beteiligt. Zunächst aktiviert ein E1-Enzym ein Ubiquitinmolekül. Dieses bindet an das Enzym E2 und wird von diesem zu E3 gebracht. E3 gehört zu einer ganzen Enzymfamilie mit über hundert verschiedenen Varianten, die jeweils ein spezifisches Strukturmuster in Proteinen erkennen, die abgebaut werden sollen.

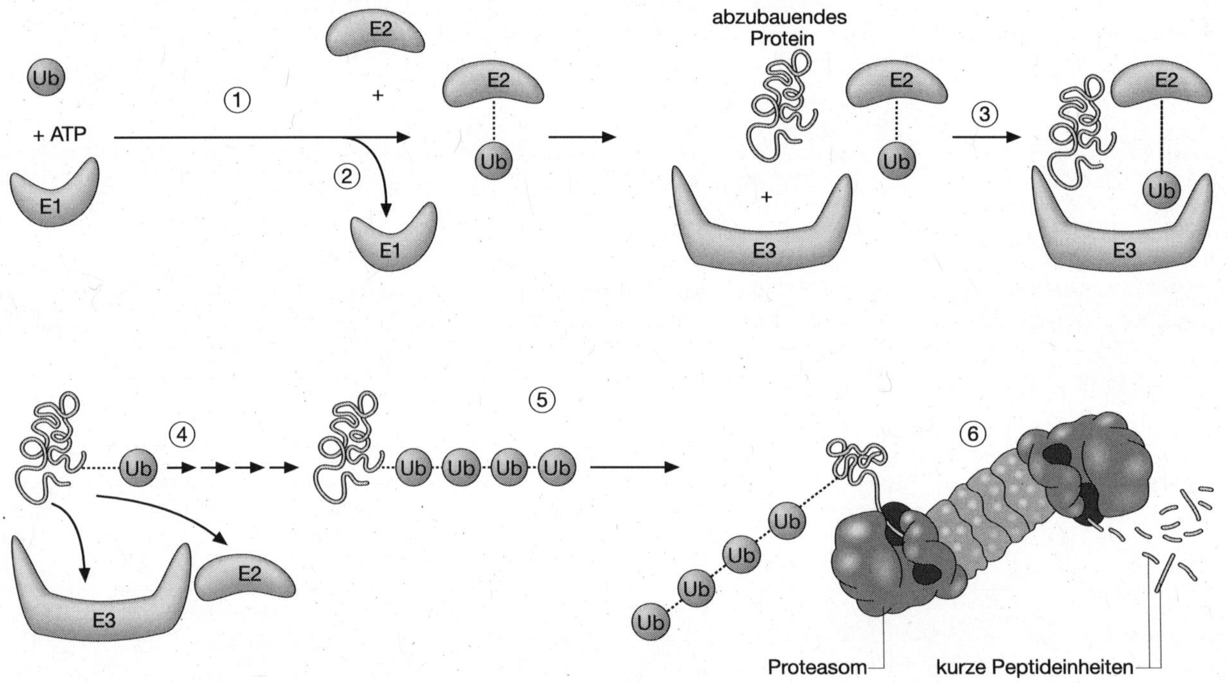

Die vorgestellten Prozesse spielen in der Zelle eine große Rolle. Sie werden für fehlerhafte, altersschwache Proteine, Zellteilung, DNA-Reparatur und programmierten Zelltod gebraucht. Selbst die Immunabwehr arbeitet mit diesem System. Virusinfizierte Zellen präsentieren „Virusproteinschnipsel" aus den Proteasomen. Lymphocyten können deshalb die befallenen Zellen erkennen und beseitigen.

Andere Anwendungen liegen noch in der Zukunft. So sucht man Heilungsmöglichkeiten für Krankheiten wie Alzheimer, Parkinson und Krebs, die auf einem gestörten intrazellulären Proteinabbau beruhen. Beim Gebärmutterhalskrebs wird zum Beispiel das Gewebe von Papillomaviren befallen, die die Zellen so verändern, dass das zelleigene Krebsschutzprotein p53 ubiquitiniert und abgebaut wird.

Aufgaben:

1. Erläutern Sie die möglichen Strukturebenen des Proteasoms und seine Funktion in der Zelle.
2. Geben Sie die Schritte ① bis ⑥ beim Abbau von Proteinen mithilfe der Abbildung an.
3. Welche Funktionen erfüllt der Proteinabbau in einer Zelle? Erläutern Sie kurz.
4. Leiten Sie ab, wie ein Krebsmedikament gegen Gebärmutterhalskrebs wirken könnte.

Extremozyme sind vielseitig einsetzbar

Material:

① Was sind Extremozyme?
Extremophile Mikroorganismen leben in den unwirtlichsten Lebensräumen der Erde. Sie sind in der Tiefsee bei Drücken über 100 bar, in heißen vulkanischen Quellen bei Temperaturen über 100 °C und in kalten Regionen bei Temperaturen um den Gefrierpunkt zu finden. Auch in Salzseen oder bei extremen pH-Werten sind solche Mikroorganismen lebensfähig.
Extremophile sind mit ihren Enzymen und Zellkomponenten wie Membransystemen optimal an die extremen Bedingungen angepasst. Ihre Enzyme haben unter diesen Bedingungen zum Beispiel günstige Eigenschaften wie Stabilität, Spezifität und eine hohe Aktivität. Sie sind unter anderem beständig gegen Komplexbildner und denaturierende Chemikalien, die in vielen industriellen Verfahren und Produkten zum Einsatz kommen. Einige Anwendungsbeispiele für Extremozyme zeigt die Tabelle rechts.

Extremophile	Enzyme	Anwendung
Thermophile (50 – 110 °C)	Amylasen	Stärkehydrolyse
	Proteasen	Waschmittel Produktion von Aminosäuren
	DNA-Polymerasen	Molekularbiologie (PCR)
Psychrophile (0 – 20 °C)	Proteasen	Käsereifung Milchproduktion
Alkaliphile (pH größer 9)	Cellulasen	Waschmittel Stone-wash-Optik
	Proteasen Amylasen Lipasen	Waschmittel Geschirrspülmittel

② Enzyme in Waschmitteln
Obwohl sie nur im Milligrammbereich in der Waschmittelmischung eingesetzt werden, gelten Enzyme als Gradmesser der Qualität moderner Waschmittel. Durch ihre gezielte Reinigungswirkung im Verbund mit Tensiden kann die Waschmittelmenge reduziert werden. Außerdem sind Enzyme vollständig biologisch abbaubar. Ursprünglich hat man solche Enzyme aus Wildstämmen von Bakterien und Hefepilzen gewonnen. Seit den achtziger Jahren des letzten Jahrhunderts schleust man die genetische Information für das gewünschte Enzym in das Erbgut besonders gentechnisch geeigneter Mikroorganismen ein. So ließen sich zum Beispiel Lipasen wirtschaftlich herstellen. Zusätzlich zur Gewinnung von natürlichen Enzymen mit gentechnischen Methoden können beim Protein-Engineering auch die Enzyme gezielt verändert werden. Dabei werden bestimmte Aminosäuren ausgetauscht. Schon eine Änderung von 0,4 bis 2 Prozent kann die Leistungsfähigkeit, zum Beispiel die Oxidationsstabilität oder die Laugenresistenz, steigern. Die ersten Enzyme aus Protein-Engineering-Labors waren modifizierte Proteasen, die 1989 in den USA hergestellt wurden. In Deutschland wurden so hautverträglichere Proteasen geschaffen.

Enzym	gewünschter Effekt/gegen Flecken von ...
Proteasen	spalten Proteine und wirken gegen Ei, Blut, Milch u. ä.
Amylasen	spalten Stärke und wirken gegen Kartoffelbrei, Schokolade, Pudding u. ä.
Lipasen	spalten Fette und wirken gegen Salatöl, Bratenfett, Make-up u. ä.
Cellulasen	entfernen Baumwollfussel und frischen farbige Textilien auf

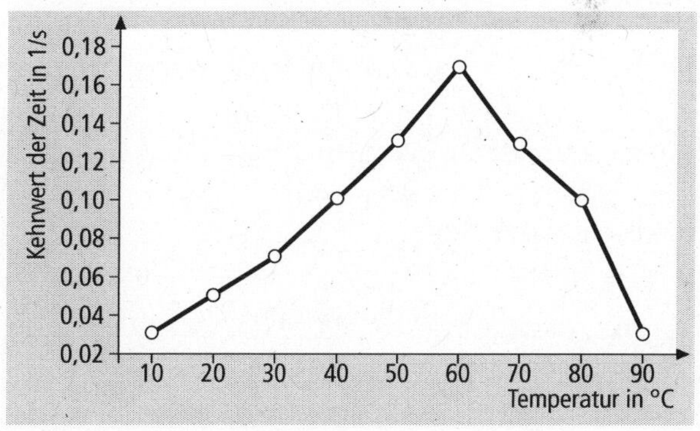

Temperaturtoleranz termophiler Bakterien

Aufgaben:
1. Begründen Sie, zu welcher Gruppe von Mikroorganismen Extremophile zählen und nennen Sie Merkmale dieser Gruppe.
2. Vergleichen Sie die Bedingungen beim Wäsche waschen mit den Anforderungen an die einzusetzenden Enzyme. Ziehen Sie Schlussfolgerungen.
3. Erläutern Sie Herkunft und Gewinnung von Waschmittelenzymen.
4. Erklären Sie mithilfe des Erschließungsfeldes „Wechselwirkung" die Hautunverträglichkeit der ersten Vollwaschmittel mit Enzymen.

Biologie heute entdecken

Aufbauender und abbauender Stoffwechsel

1. Das Erschließungsfeld „Stoff und Energie" trifft auch auf grüne Pflanzen zu. Belegen und erläutern Sie diese Aussage.

2. Ergänzen Sie folgendes Schema.

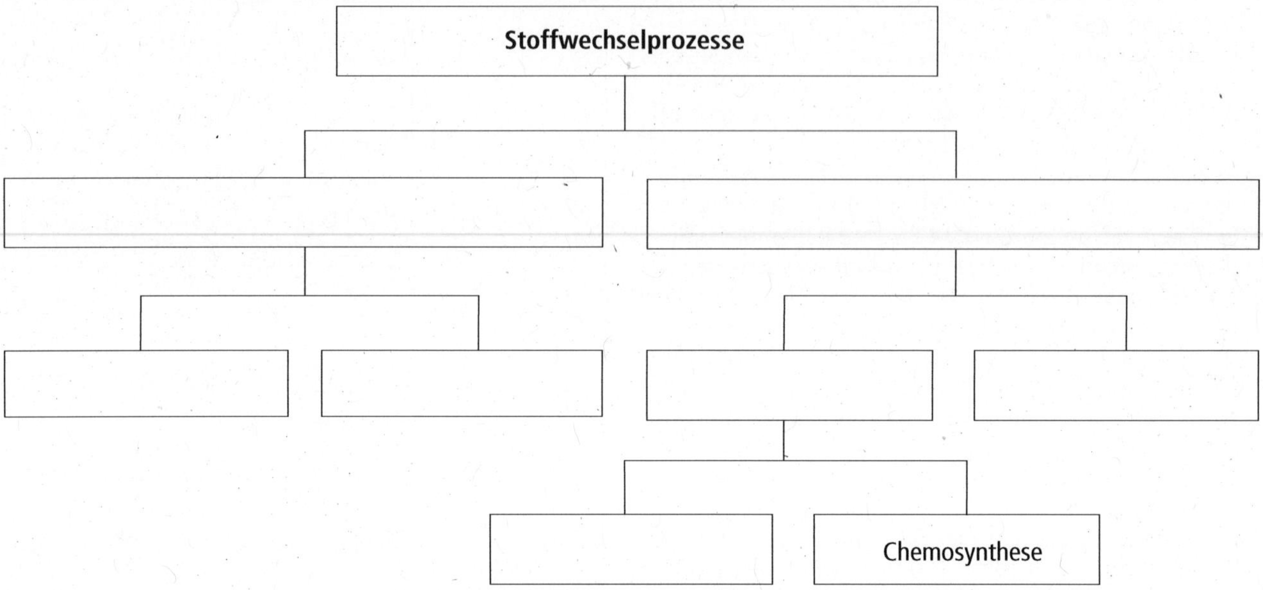

3. Trainieren Sie die Verwendung von Fachbegriffen zur Dissimilation und ergänzen Sie den Lückentext.

Stoffwechselvorgänge, welche energiereiche organische Stoffe zu energieärmeren organischen oder anorganischen Stoffen abbauen, werden als ____________________ bezeichnet. Bei diesen Abbauprozessen unterscheidet man zwischen Atmung und ____________________. Die ____________ ist an das Vorhandensein von Sauerstoff gebunden (= aerobe Bedingungen). Organismen, die diesen Weg nutzen, sind z. B. ____________________ und ____________________. Der Stoffwechselweg der ____________________ wird bei ____________________ (= ____________ ____________ Bedingungen) beschritten. Organismen, die ____________________ durchführen, sind z. B. ____________________ und ____________________. Mögliche Endprodukte bei der ____________________ sind Buttersäure, ____________________ oder ____________________.

Letztlich dienen aber beide Abbauprozesse der Gewinnung von ____________________.

In den Zellen laufen die wesentlichen biochemischen Vorgänge der Atmung in den ____________________ ab. Diese Zellorganellen kommen überall dort gehäuft vor, wo große Mengen an ____________________ benötigt werden, z. B. in ____________________ - und ____________________ zellen.

Zellorganellen mit Doppelmembran – Plastiden

1. Ergänzen Sie die Übersicht.

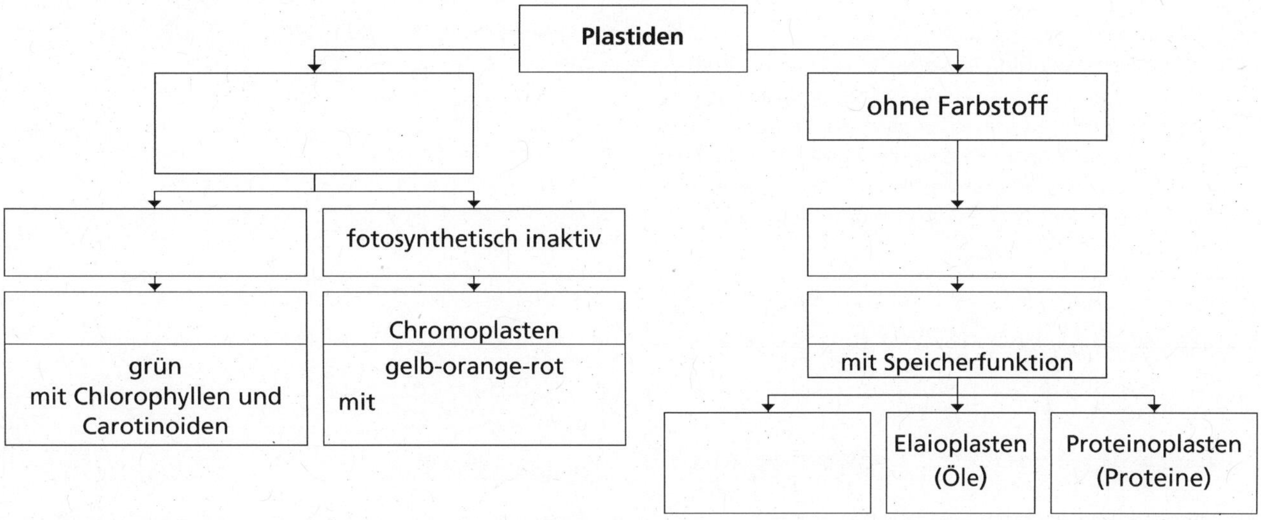

2. Die Übersicht zeigt die Entwicklungsmöglichkeiten eines Chloroplasten. Beschreiben Sie diese Entwicklung unter Verwendung des Erschließungsfeldes „Wechselwirkung“.

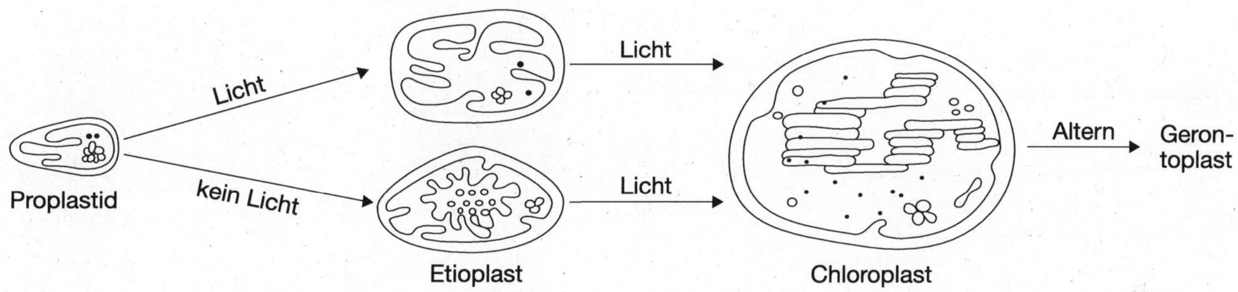

3. Die Übersicht zeigt Plastidentypen und deren Umwandlungsmöglichkeiten. Ordnen Sie die Ziffern dem passenden Beispiel zu.

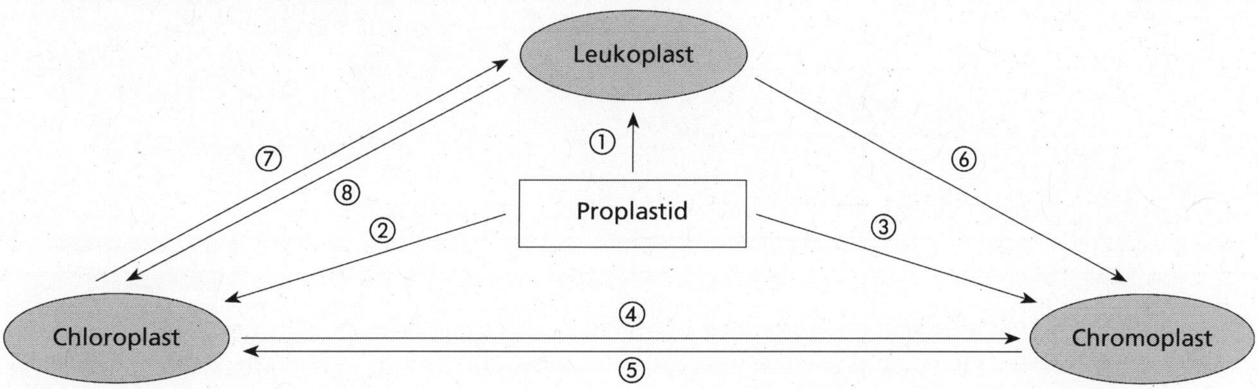

- ◯ Kartoffelknolle im Licht
- ◯ Karotte im Boden
- ③ Narbengewebe (in Blüten)
- ◯ Zellen des Kartoffeltriebes im Dunkeln
- ◯ Zellen im Palisadengewebe eines Blattes
- ◯ Tomate beim Reifen
- ◯ Karotte im Licht
- ⑦ Blütenblatt einer weißblühenden Hyazinthe

Biologie heute entdecken

Chloroplasten – Orte der Fotosynthese

Material:

① **ENGELMANN-Versuch**

Der Pflanzenphysiologe Theodor ENGELMANN beleuchtete einen Faden der Grünalge *Cladophora* mit Licht, welches er mithilfe eines Prismas in die Spektralfarben zerlegt hatte. Dann versetzte er das Wasser, in dem diese Alge lag, mit einem Bakterienstamm, welcher die Eigenschaft besitzt, sich stets an Orten hoher Sauerstoffkonzentration aufzuhalten.

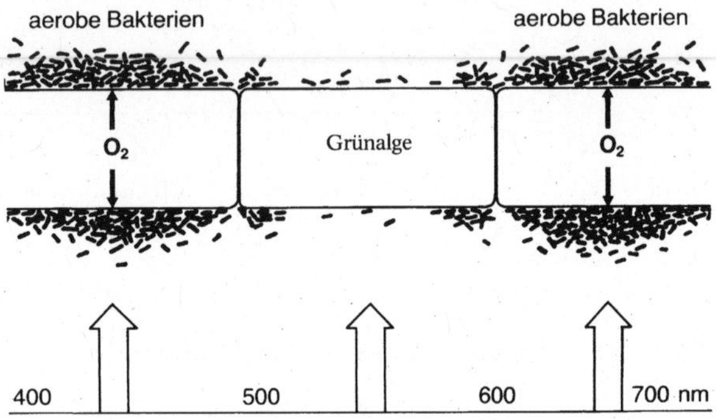

② **Absorptionsspektrum der Pigmente Chlorophyll a und b sowie Carotin**

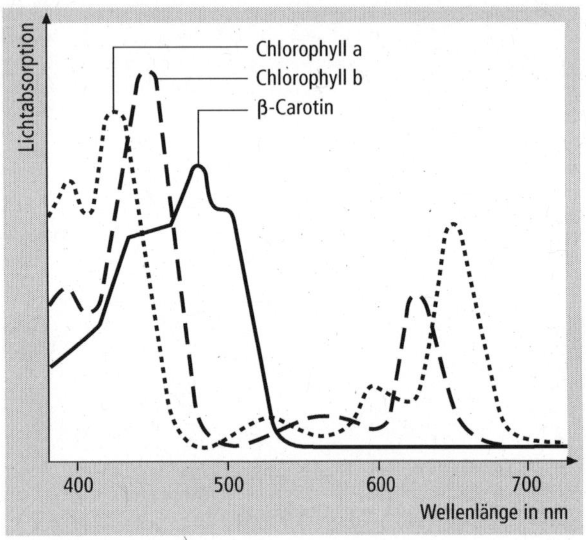

③ **Chlorophyll a (1.) und b (2.)**

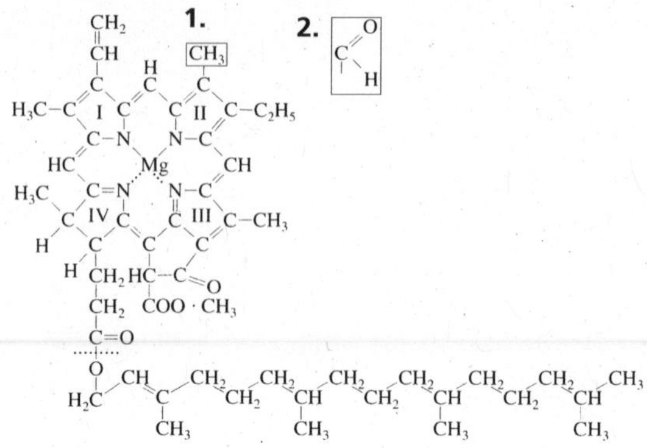

④ **Fotosystem I und II**

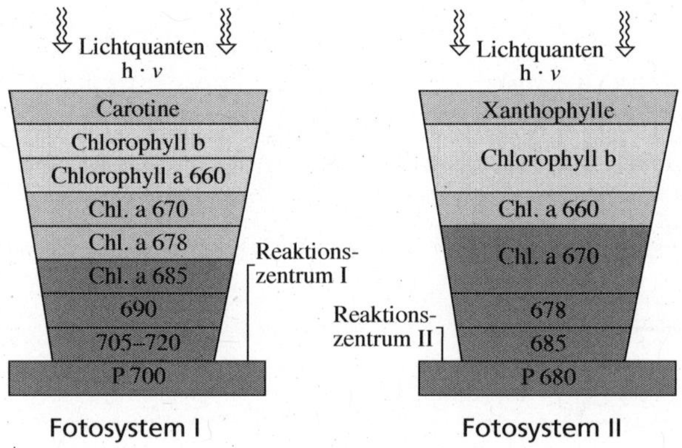

⑤ **Chloroplast**

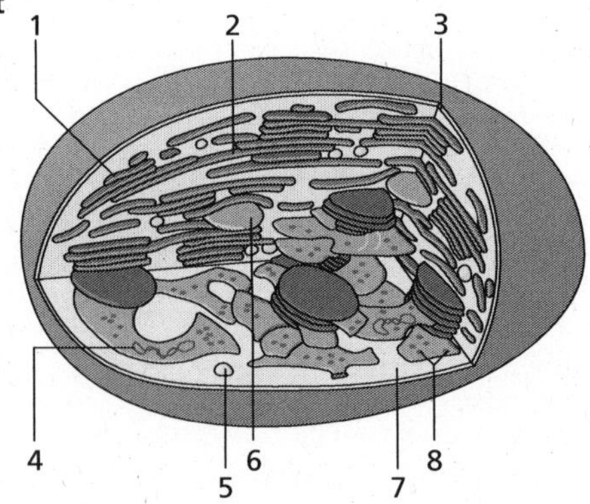

Aufgaben:

1. Kennzeichnen Sie in Material ① und ② die Bereiche der unterschiedlichen Spektralfarben farbig.
2. Beschreiben Sie den ENGELMANN-Versuch. Erläutern Sie dabei Durchführung und Ergebnisse.
3. Informieren Sie sich über die methodische Herleitung eines Absorptionsspektrums und erläutern Sie die Funktion eines Absorptionsspektrums in der Fotosyntheseforschung.
4. Die Pigmente Chlorophyll a und b sowie Carotin sind in den Chloroplasten lokalisiert. Benennen Sie die Feinstrukturen eines Chloroplasten (Material ⑤) und wenden Sie das Erschließungsfeld „Struktur und Funktion" auf die Fotosysteme (Material ④) an.
5. Magnesiummangel bei Pflanzen führt zu einer Verminderung der Fotosyntheseleistung und zum Gelbwerden der Blätter. Erklären Sie diesen Befund mithilfe von ③.

ATP – ein wichtiger Energieüberträger und Energiespeicher in der Zelle

1. Beschriften und beschreiben Sie den chemischen Aufbau eines ATP-Moleküls.

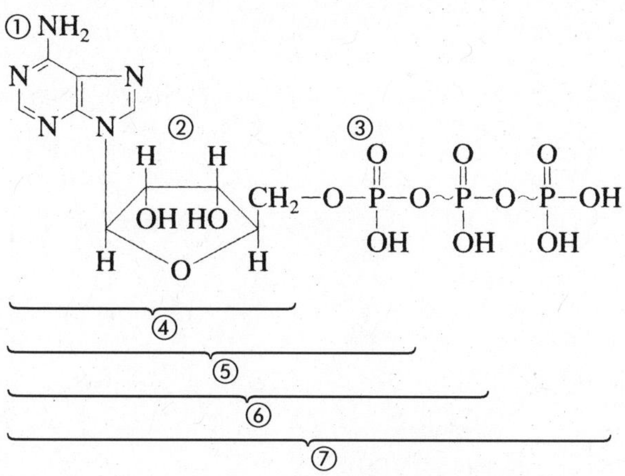

① ____________________

② ____________________

③ ____________________

④ ____________________

⑤ ____________________

⑥ ____________________

⑦ ____________________

2. Trainieren Sie die Verwendung von Fachbegriffen und ergänzen Sie die Reaktionsgleichung.

Das ATP-Molekül enthält zwei „____________" Bindungen (~). Wird vom ATP ein Phosphatrest abgespalten, entsteht ____________. Diese Reaktion ist exergonisch. Die dabei frei werdende Energie beträgt $\Delta_R G$ = ____________ $kJ \cdot mol^{-1}$. Umgekehrt kann durch Zufuhr dieses Energiebetrages aus ____________ und Ⓟ ____________ aufgebaut werden, diese Reaktion ist ____________.

ATP dient aber nicht nur der Energiespeicherung, sondern auch der ____________.

Diese wichtige Funktion besteht in einer „Aktivierung" von Molekülen, die dadurch in einen reaktionsbereiten Zustand übergehen. Ein Beispiel dafür ist die Bildung von Glucose-6-phosphat:

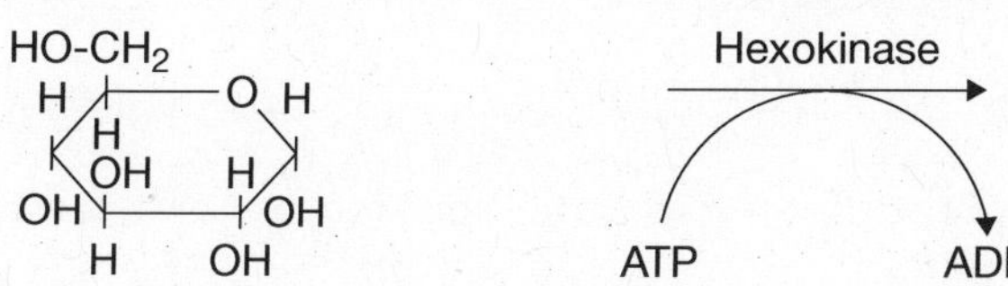

3. Für alle Lebensvorgänge benötigt die Zelle Energie. Ergänzen Sie die möglichen Formen des Energieverbrauches im Schema:

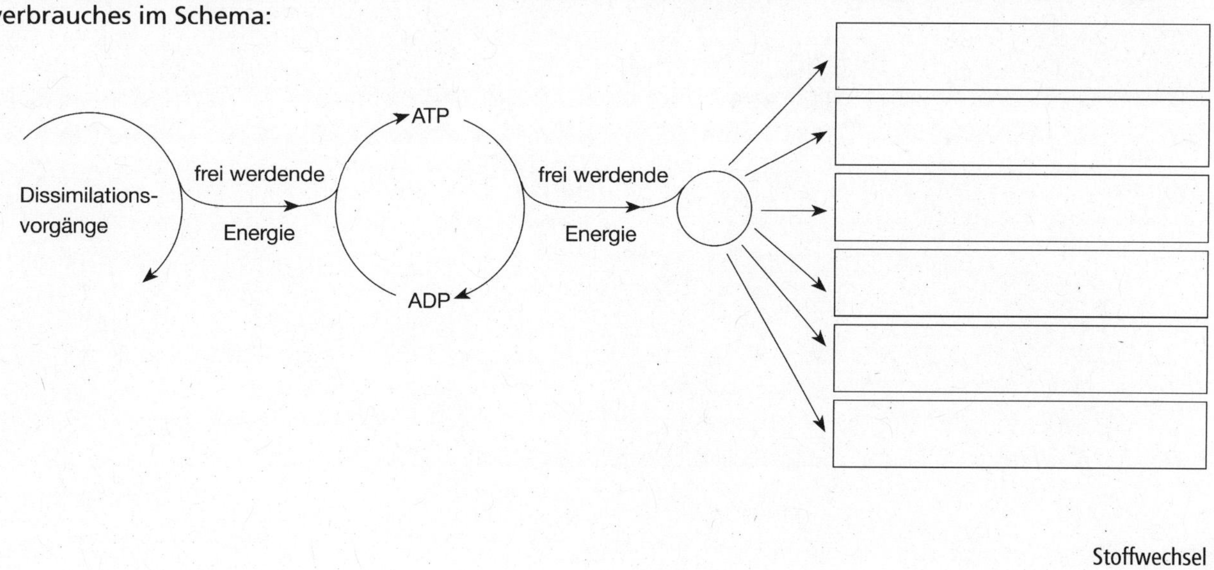

Fotosynthese I – die lichtabhängigen Reaktionen

1. Beschreiben Sie den Ablauf der Primärreaktionen mithilfe der Abbildung.

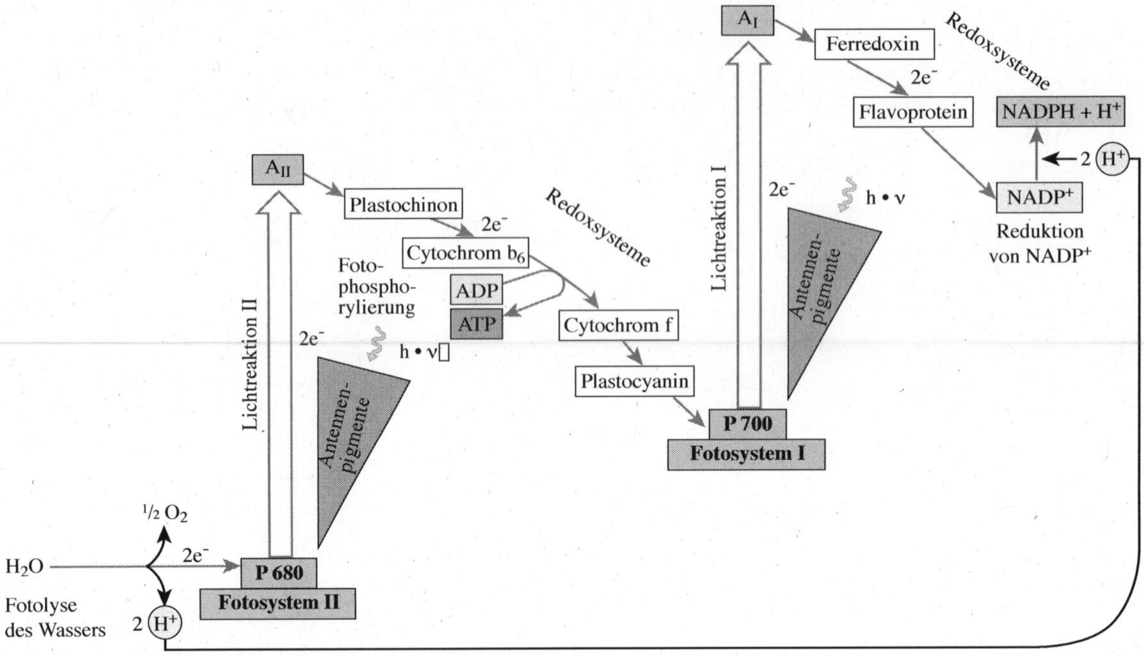

2. Notieren Sie die Zwischenbilanz für alle lichtabhängigen Reaktionen.

3. Welche Aussagen zur Lichtreaktion sind richtig? Kreuzen Sie an.

a) Die Primärreaktionen stellen für die lichtunabhängige Reaktion als Energieäquivalent ATP bereit. ◯

b) Als Reduktionsäquivalent dient das reduzierte, Wasserstoff übertragende Coenzym NADH + H⁺. ◯

c) Der frei werdende Sauerstoff stammt aus der Fotolyse des Wassers. ◯

d) An der zyklischen Fotophosphorylierung ist nur das Fotosystem II beteiligt. ◯

4. Die Abbildung zeigt die Thylakoidmembran. Benennen Sie stichpunktartig die Vorgänge ① bis ⑨ und erläutern Sie kurz die Bildung von ATP mithilfe der Abbildung.

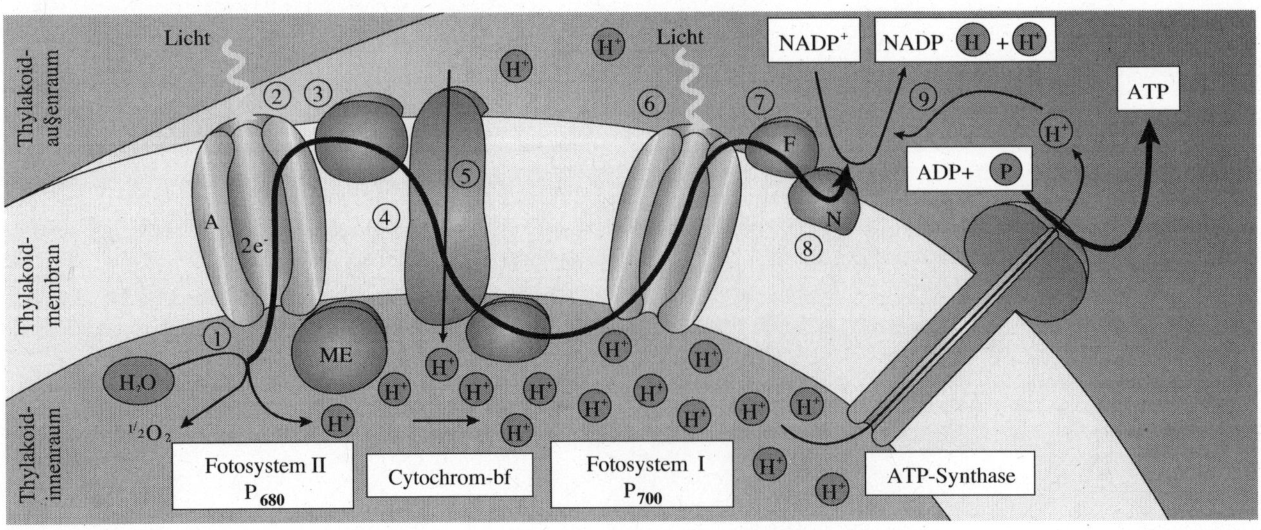

Fotosynthese II – die lichtunabhängigen Reaktionen

Material:

① **Versuch zur lichtunabhängigen Reaktion**

Die Aufklärung der lichtunabhängigen Reaktion der Fotosynthese gelang den beiden Biologen CALVIN und BENSON. Bei einem ihrer Experimente führten sie der in Dunkelheit gehaltenen Grünalge *Scenedesmus* radioaktiv markiertes $^{14}CO_2$ zu. Die Pflanzen wurden für eine bestimmte Zeit belichtet, abgetötet, die Pflanzenextrakte chromatografisch getrennt und radioaktiv markierte Verbindungen sichtbar gemacht. Zu Beginn des Versuches ließ sich Ribulose-1,5-bisphosphat nachweisen, nach fünf Sekunden ein Kohlenhydrat mit sechs Kohlenstoffatomen, nach 20 Sekunden 3-Phosphoglycerat, nach 90 Sekunden Fructose-1,6-bisphosphat, nach 300 Sekunden Glucose und nach 360 Sekunden wieder Ribulose-1,5-bisphosphat.

② **CALVIN-Zyklus (A Ablauf; B Schema)**

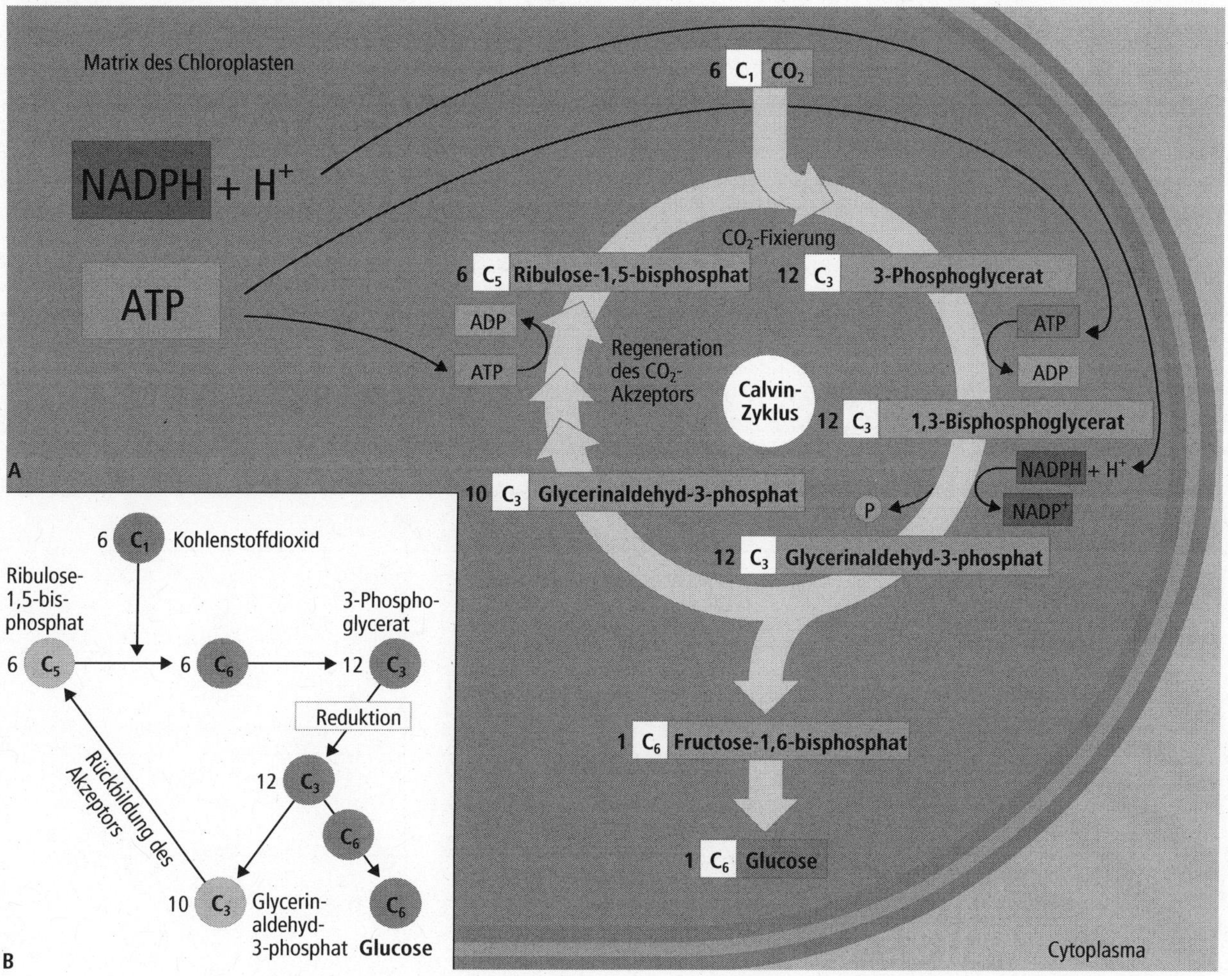

Aufgaben:

1. Erklären Sie, warum nach fünf Sekunden eine, nach 300 Sekunden mehrere Verbindungen radioaktiv markiert sind und geben Sie die Reihenfolge der Stoffe an, in denen ^{14}C gebunden ist.
2. Erläutern Sie das vereinfachte Schema des CALVIN-Zyklus.
3. Geben Sie eine Zwischenbilanz der lichtabhängigen und der lichtunabhängigen Reaktion an.
4. Stellen Sie aus den Zwischenbilanzen die Bruttogleichung der Fotosynthese auf und kennzeichnen Sie die Reaktionsbedingungen am Reaktionspfeil.
5. Erklären Sie das Erschließungsfeld „Struktur und Funktion" an diesem Beispiel.

Vergleich von C_3- und C_4-Pflanzen

Ergänzen Sie folgende Tabelle.

	C_3-Pflanzen	C_4-Pflanzen
Beispiele	• Spinat •	• Mais •
ökologischer Standort		trocken, hohe Temperaturen, hohe Sonneneinstrahlung
Blattanatomie	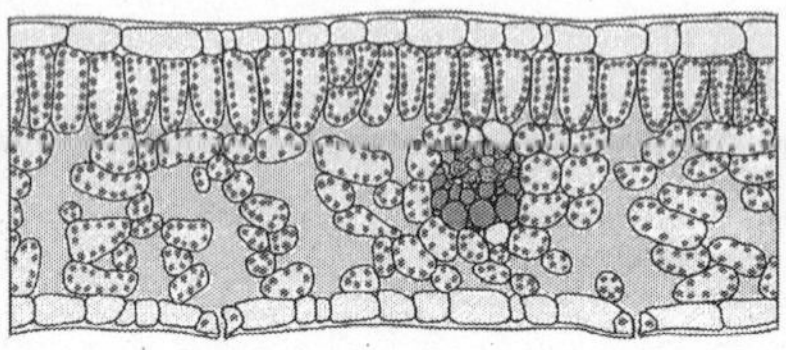 Schichtentyp mit ______________ ______________ ______________	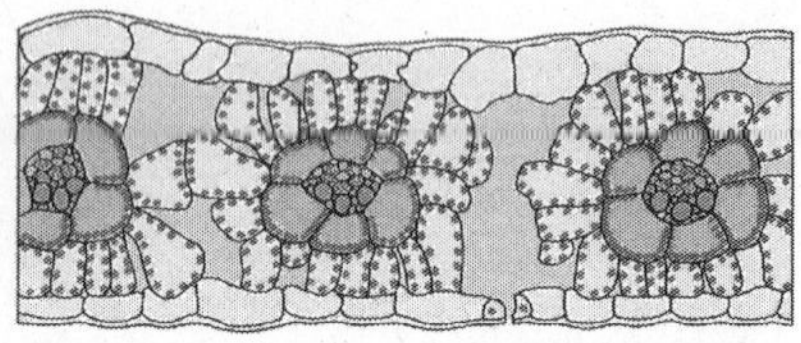 Kranztyp mit ______________ ______________ ______________
Transpiration (g H_2O $dm^{-2} \cdot h^{-1}$)	6,6	2,5
Fotorespiration des Blattes in %	bis 30 %	0 %
Akzeptor zur CO_2-Fixierung		
Affinität des Akzeptors zu CO_2	gering	
Ort der CO_2-Fixierung	in Palisaden- und Schwammzellen	
erstes erfassbares Produkt der CO_2-Fixierung	(C_3)	Malat (C_4)
CO_2-Kompensationspunkt	hoch und meist temperaturabhängig	
Ablauf des CALVIN-Zyklus		in den Zellen der Leitbündelscheide
Fotosyntheserate allgemein		sehr hoch
Temperaturoptimum der Fotosynthese	10 bis 25 °C	30 bis 45 °C

Abhängigkeiten der Fotosyntheseleistung von Außenfaktoren

Material:

① **Fotosynthese und Licht**

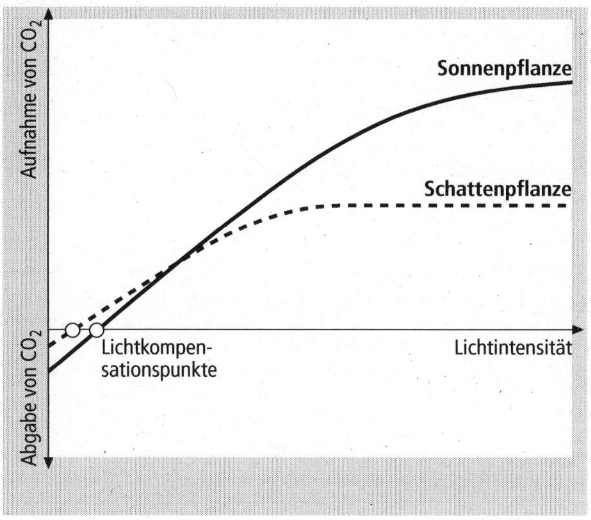

③ **Fotosynthese und Temperatur**

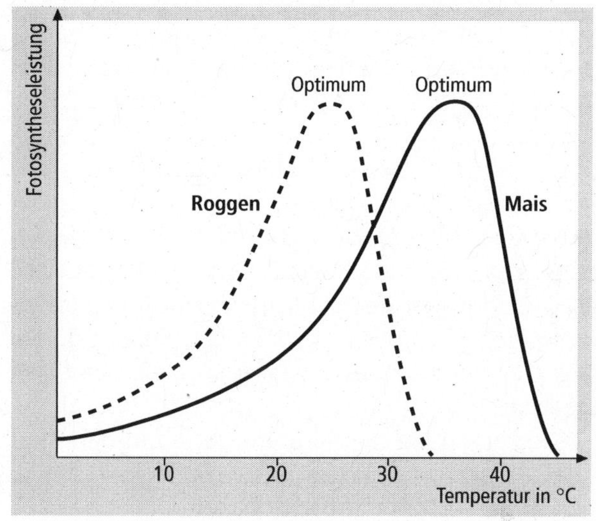

② **Fotosynthese und CO_2**

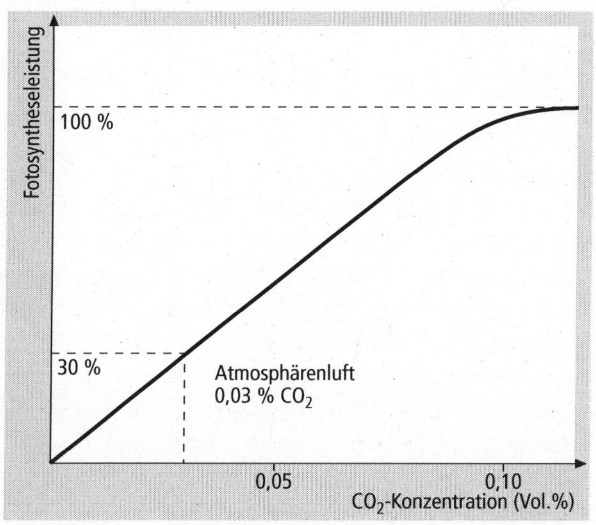

④ **Fotosynthese, Licht und Temperatur**

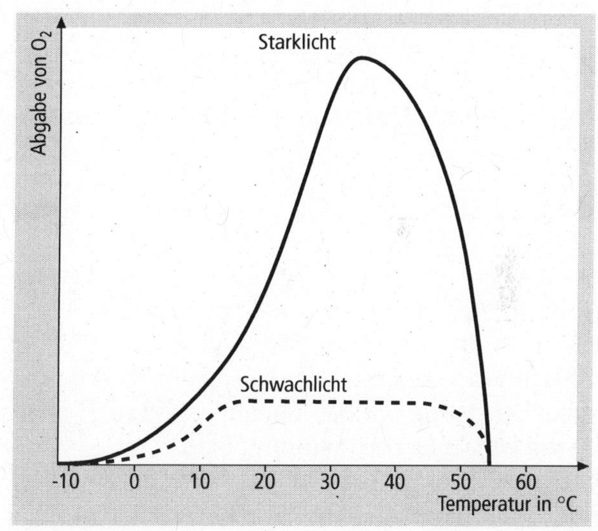

Aufgaben:

1. Um die Fotosyntheseleistung verschiedener Pflanzen(-arten) in unterschiedlichen Versuchsansätzen oder zu verschiedenen Jahreszeiten vergleichen zu können, braucht man einheitliche Bezugsgrößen. Begründen Sie, welche Bezugsgröße bei der Messung der Fotosyntheseleistung zweckmäßig ist.
2. Erläutern Sie die Abhängigkeit der Fotosyntheseleistung von verschiedenen Außenfaktoren unter Zuhilfenahme der Abbildungen ① bis ③. Berücksichtigen Sie das Erschließungsfeld „Wechselwirkung“.
3. Der natürliche CO_2-Gehalt der Luft liegt bei 0,03 Vol %. Welche Schlussfolgerungen über die Fotosyntheseleistung von Pflanzen an ihren natürlichen Standorten lassen sich ziehen?
4. Werten Sie Abbildung ④ aus. Überlegen Sie: Aus wie vielen Teilprozessen muss der Fotosyntheseprozess einer Pflanze aufgrund der Ergebnisse dieses Versuches mindestens bestehen? Begründen Sie Ihre Entscheidung. Setzen Sie das Diagramm in Beziehung zum Fotosyntheseprozess.

Sekundärprodukte bei Pflanzen

1 Nachweis von Stärke

B2

Material: Wasserbad; 3 Reagenzgläser; Pipetten; Spatel; Kartoffelstärke; Maisstärke; Haferflocken; Hülsenfrüchte; destilliertes Wasser; Gasbrenner; Pistill; Reibeschale; Iod-Kaliumiodidlösung
Durchführung: Geben Sie jeweils eine Spatelspitze Kartoffelstärke, Maisstärke und Haferflocken in je ein Reagenzglas. Füllen Sie mit 3 ml destilliertem Wasser auf und fügen Sie fünf Tropfen Iod-Kaliumiodidlösung hinzu. Schütteln Sie die Mischung gut durch. Erwärmen Sie die Reagenzgläser im Wasserbad.
Aufgaben:
a) Beschreiben Sie die Veränderungen in den Reagenzgläsern vor und nach dem Erwärmen.
b) Erklären Sie Ihre Beobachtungen.
c) Führen Sie den ersten Teil des Versuchs mit zerriebenen Hülsenfrüchten durch und vergleichen Sie die Ergebnisse.

2 Nachweis von Cellulose

Xi B2

Sachinformation: Chlorzinkiodlösung ist eine Lösung aus 50 g Zinkchlorid, 16 g Kaliumiodid und 17 ml Wasser. In diese Lösung wird elementares Iod bis zur Sättigung gegeben. Das Nachweismittel ist bei Dunkelheit lange haltbar. Cellulose färbt sich nach Zugabe von Chlorzinkiodlösung blau.
Material: Chlorzinkiodlösung (Xi); Filterpapier; Baumwolle; verschiedene Stoffreste; Sonnenblumenmark; Holundermark; Leder; Zwiebel
Durchführung: Tropfen Sie auf die zu untersuchenden Materialien Chlorzinkiodlösung.
Aufgabe:
Fertigen Sie ein Versuchsprotokoll an.

3 Nachweis von Proteinen (Biuret-Probe)

C Xn N B2

Material: Schutzbrille; 50 ml Becherglas; Reagenzgläser; Messpipetten; Teelöffel; Reibeschale und Pistill; verschiedene Hülsenfrüchte; Kartoffel- beziehungsweise Maisstärke; destilliertes Wasser; verdünnte Natronlauge (10 %ig, C); Kupfersulfatlösung (1 %ig, Xn, N)
Durchführung: Geben Sie jeweils einen Teelöffel Hülsenfrüchte in die Reibeschale. Zerkleinern Sie die Hülsenfrüchte mit dem Pistill. Geben Sie 40 ml destilliertes Wasser dazu und rühren Sie mehrere Minuten lang um. Geben Sie etwa 5 ml dieser Mischung in ein Reagenzglas und fügen Sie 1 ml verdünnte Natronlauge und 1 ml Kupfersulfatlösung hinzu. Erwärmen Sie das Reagenzglas in einem Wasserbad, wenn keine Reaktion eintritt.
Aufgaben:
a) Notieren Sie Ihre Beobachtungen.
b) Führen Sie den gleichen Versuch mit den Stärkesorten durch. Vergleichen Sie die Ergebnisse.

4 Nachweis von Vitamin C

Material: Waage; Reibeschale und Pistill; destilliertes Wasser; Faltenfilter; Filter; Reagenzglas; Messer, Vitamin C-Teststäbchen; verschiedene Obst- und Gemüsesorten
Durchführung: Wägen Sie jeweils 10 g Obst oder Gemüse ab. Zerkleinern Sie das Obst- beziehungsweise Gemüsestück mit dem Pistill in der Reibeschale. Geben Sie 40 ml destilliertes Wasser dazu und rühren Sie mehrere Minuten lang um. Filtrieren Sie Ihre Suspension durch einen Faltenfilter. Tauchen Sie das Teststäbchen *eine* Sekunde in das Filtrat, nehmen Sie es heraus, schütteln Sie die anhaltende Flüssigkeit ab und vergleichen Sie nach etwa *zehn* Sekunden die Farbe des Teststäbchens mit der Farbskala auf der Schachtel. Wenn Sie den abgelesenen Wert mit 5 multiplizieren, erhalten Sie den Vitamin C-Gehalt in mg pro kg Frischmasse.
Aufgaben:
a) Fertigen Sie ein Versuchsprotokoll an.
b) Stellen Sie die Ergebnisse grafisch dar.

5 Nachweis von Lignin

Xi C B2

Material: Phloroglucin-Salzsäure (Xi, C); Sägespäne; Zeitungspapier; Zeichenpapier; 3 Uhrgläser
Durchführung: Tropfen Sie Phloroglucin-Salzsäure auf die zu untersuchenden Materialien und beobachten Sie die Farbreaktion.
Aufgabe:
Fertigen Sie ein Versuchsprotokoll an.

Zellorganellen mit Doppelmembran – Mitochondrien

1. Identifizieren Sie die inneren Strukturen eines Mitochondriums. Vervollständigen Sie die Beschriftung und ermitteln Sie die Anzahl und Lage möglicher Funktionsräume in diesem Organell.

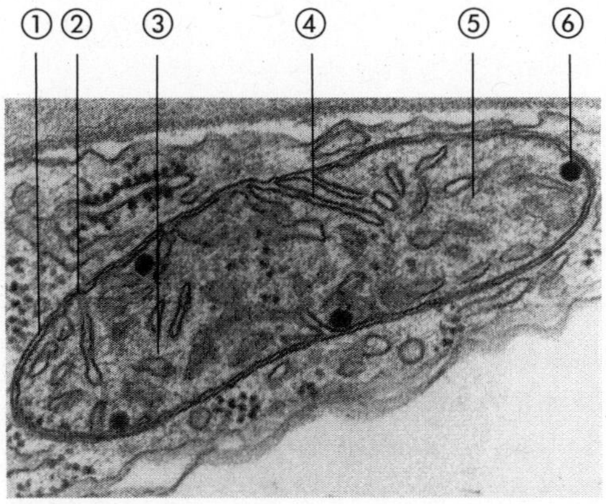

① ____________________

② ____________________

③ ____________________

④ ____________________

⑤ ____________________

⑥ ____________________

2. Äußere und innere Mitochondrienmembran sind chemisch unterschiedlich aufgebaut und erfüllen verschiedene Funktionen. Ergänzen Sie die Gegenüberstellung.

Äußere Mitochondrienmembran	Innere Mitochondrienmembran
Bau:	Bau:
Funktion:	Funktion:

3. Entscheiden Sie, welche Aussagen zum Mitochondrium richtig sind. Kreuzen Sie diese an.
   a) Insgesamt sind bisher über 100 Enzyme in Mitochondrien nachgewiesen worden. ○
   b) Mitochondrien besitzen ein eigenes Genom. Sie werden deshalb als semiautonom bezeichnet. ○
   c) Auch Procyten besitzen Mitochondrien. ○
   d) Die innere Mitochondrienmembran ist eingestülpt. So kommt es zur Oberflächenverkleinerung. ○
   e) Mitochondrien sind meist etwa 2 bis 8 µm lang. ○

4. a) Benennen Sie die gekennzeichneten Teile in Abbildung A.
   b) Vergleichen Sie die stark schematisierten Darstellungen verschiedener Muskeltypen miteinander.
   c) Erklären Sie an diesem Beispiel die Erschließungsfelder „Struktur und Funktion" sowie „Stoff und Energie".

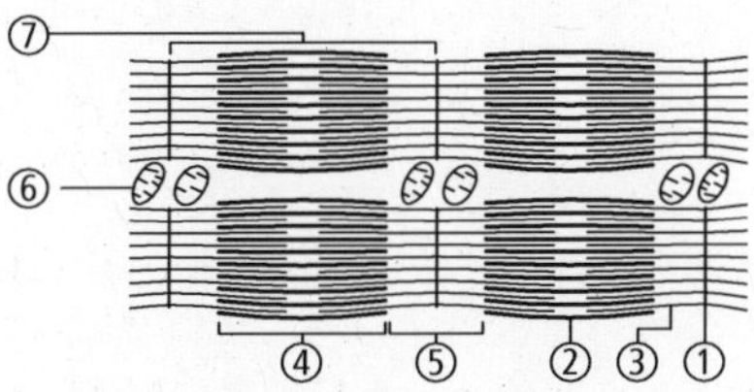

A Skelettmuskel (Kaninchen)

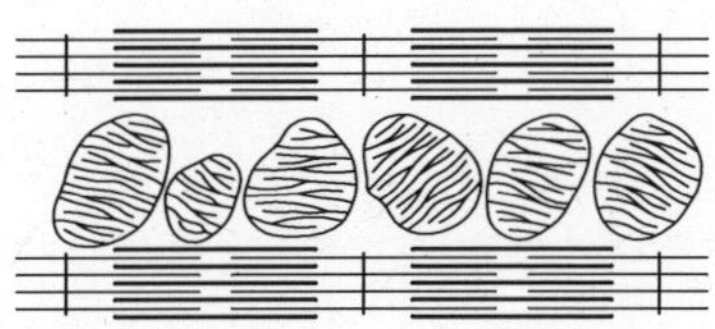

B Herzmuskel (Ratte)

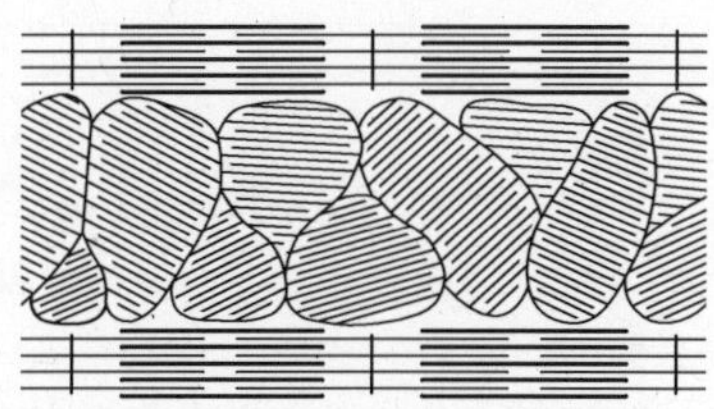

C Brustmuskel (Taube)

Glykolyse

Material:

In der folgenden Übersicht ist der Verlauf der Glykolyse schematisch dargestellt.

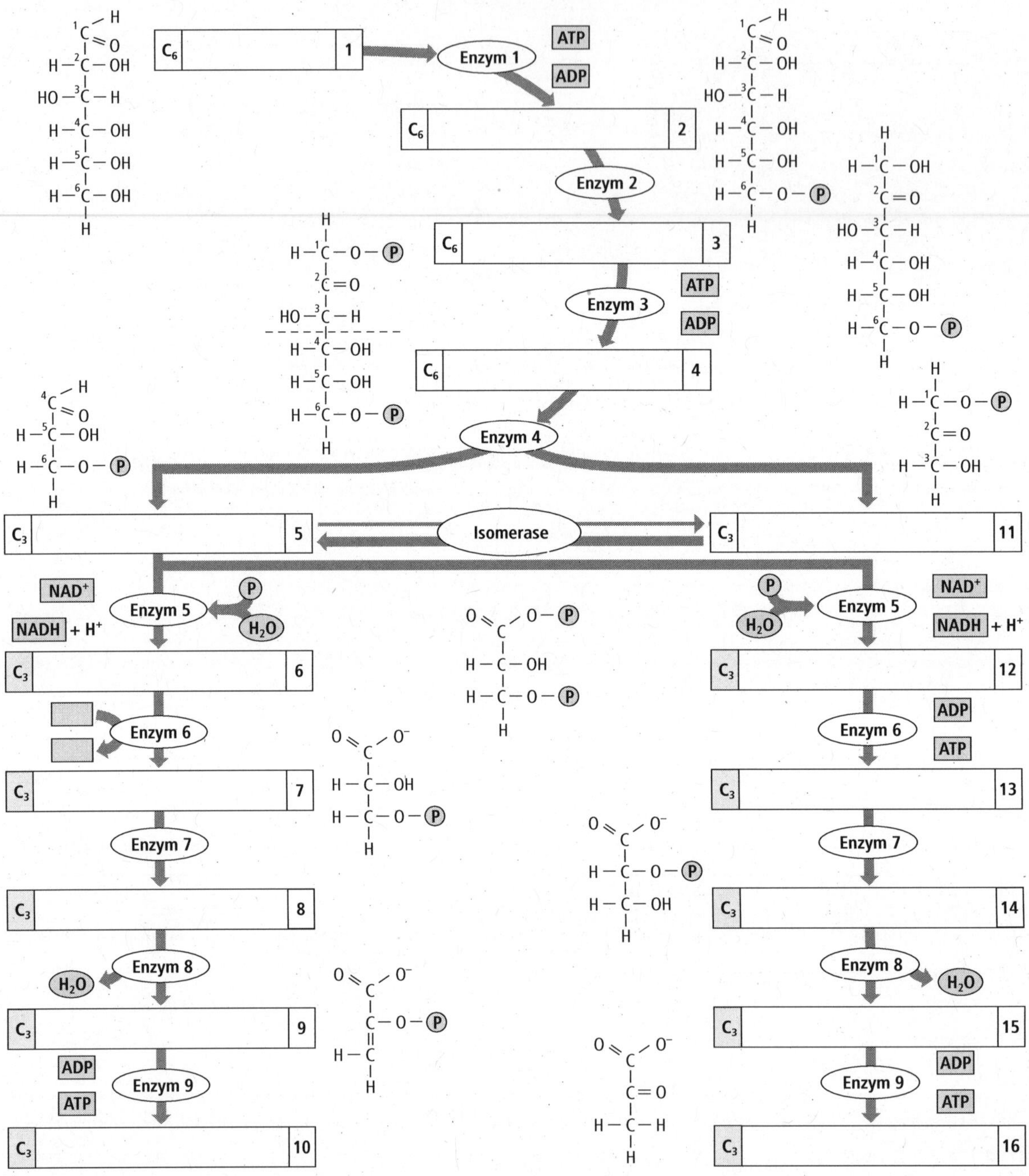

Aufgaben:

1. Ordnen Sie den Ziffern die entsprechenden Begriffe zu.
2. Geben Sie den Namen des Nebenproduktes an, welches beim Reaktionsschritt von ⑥ und ⑦ abgespalten wird.
3. Kennzeichnen Sie durch Reaktionspfeile bei den entsprechenden Schritten, ob ADP oder ATP, NAD^+ oder $NADH + H^+$ gebildet werden.
4. Stellen Sie eine Bilanz für produziertes bzw. verbrauchtes ATP bei der Glykolyse auf.

Citratzyklus

Material:

Die folgende Darstellung zeigt den Citratzyklus, bei dem die in der Glykolyse gebildete Brenztraubensäure weiteren Abbauprozessen unterworfen wird. Der Citratzyklus wird auch nach seinem Entdecker als KREBS-Zyklus bezeichnet.

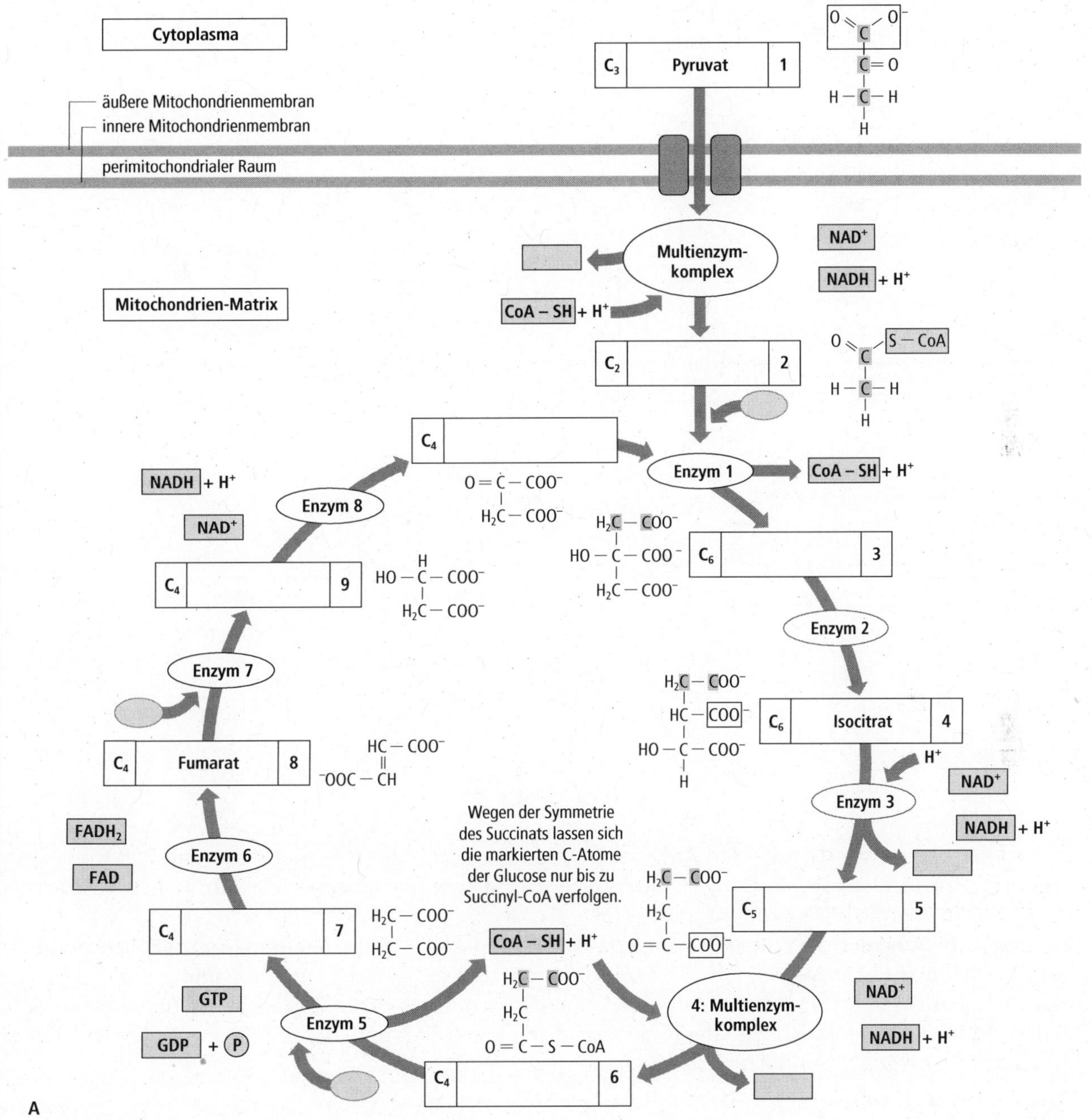

Aufgaben:

1. Ergänzen Sie die fehlenden Stoffwechselzwischenprodukte.
2. Geben Sie für die Stoffwechselschritte von ④ zu ⑤, von ⑤ zu ⑦ und von ⑧ zu ⑨ an, welche Stoffe abgespalten bzw. hinzugefügt werden.
3. Stellen Sie mithilfe von Reaktionspfeilen dar, ob ATP oder ADP, GTP oder GDP, NADH + H^+ oder NAD^+ und $FADH_2$ oder FAD bei den einzelnen Stoffwechselschritten gebildet werden.
4. Stellen Sie eine Bilanz darüber auf, wie viel ATP bzw. GTP sowie Reduktionsäquivalente im Citratzyklus gebildet werden, und vergleichen Sie diese Bilanz mit der Glykolyse.

Oxidative Phosphorylierung (Atmungskette)

Material:

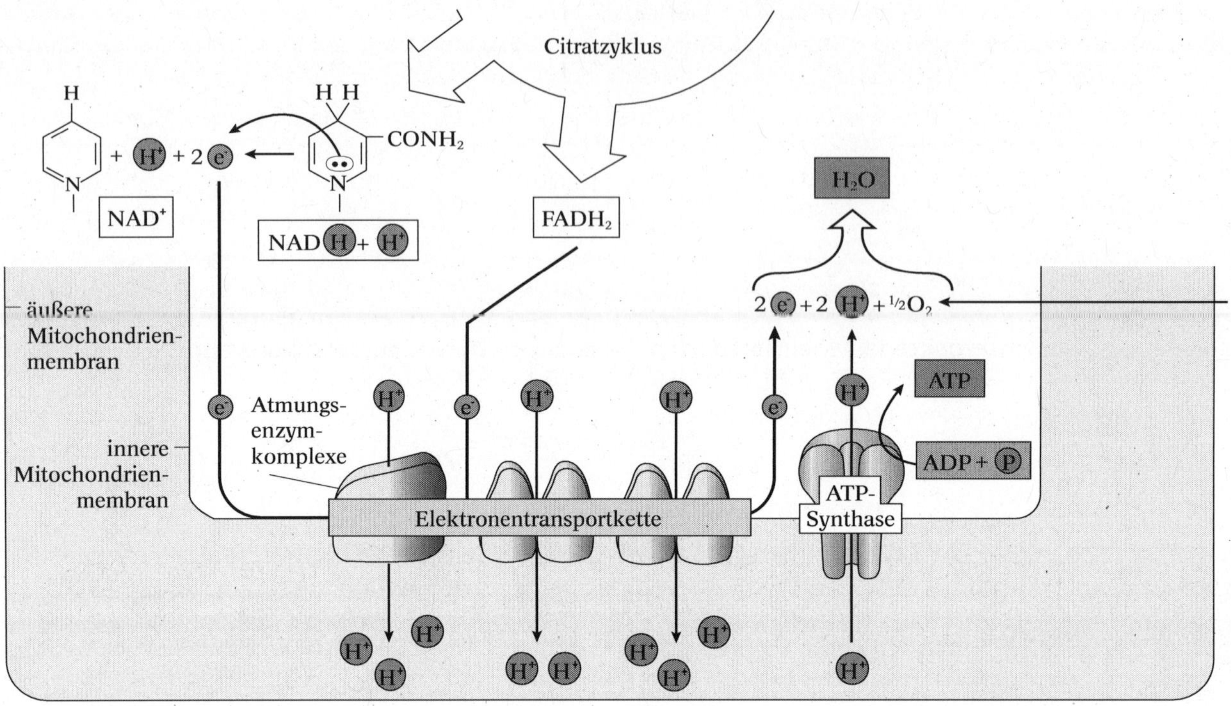

Aufgaben:

1. Bei der äußerst heftig ablaufenden Knallgasreaktion werden unter Energiefreisetzung Elektronen von Wasserstoff auf Sauerstoff übertragen. Die formal gleiche Reaktion läuft auch im Stoffwechsel ab, jedoch wird hier die Energie nicht explosionsartig frei.
   a) In der Abbildung sind die Vorgänge der oxidativen Phosphorylierung in der Membran der Mitochondrien dargestellt. Beschreiben Sie die ablaufenden Vorgänge, stellen Sie dabei einen Zusammenhang zwischen dem Protonentransport und den Abläufen an der ATP-Synthase (auch ATP-Synthetase genannt) her.
   b) Begründen Sie ausführlich, wie die unterschiedliche Menge an gebildetem ATP bezüglich NADH + H^+ bzw. $FADH_2$ an der ATP-Synthase zustande kommt.
   c) Stellen Sie eine Gesamtbilanz bezüglich ATP bzw. GTP und der Reduktionsäquivalente NADH + H^+ bzw. $FADH_2$ für die Glykolyse, die oxidative Decarboxylierung, den Citratzyklus und die oxidative Phosphorylierung auf.
2. Neben dem weißen Fettgewebe besitzen winterschlafende und neugeborene Säugetiere das so genannte braune Fettgewebe, welches besonders reich an Mitochondrien ist. Es dient der Thermogenese im Körper, ohne dass dabei ein Muskelzittern notwendig ist. Bei dieser Art der Wärmeerzeugung kommt es zu einer Entkopplung von Elektronentransport und ATP-Bildung in der Mitochondrienmembran.
   a) Stellen Sie die Bedeutung dieser Art der Wärmeerzeugung dar.
   b) Erklären Sie mithilfe dieser Angaben, warum manche Winterschläfer besonders kalte und lange Winter nicht überleben.

Chemosynthese

1. Im folgenden Text werden verschiedene chemoautotrophe Stoffwechselwege dargestellt. Ergänzen Sie mithilfe des Textes die Reaktionsgleichungen in der Tabelle.

Schwefelbakterien, wie zum Beispiel *Thiobacillen*, leben in Wasser und Schlamm nährsalzreicher Gewässer und in Schwefelquellen. Sie gewinnen die für ihre Lebensprozesse erforderliche Energie aus der Oxidation von Schwefelwasserstoff (H_2S), welchen sie mithilfe von Sauerstoff zu Wasser und Elementarschwefel (S) umsetzen. Dieser Elementarschwefel wird in einer Folgereaktion unter Verbrauch von Wasser und Sauerstoff zu Sulfat-Ionen (SO_4^{2-}) oxidiert. Da bei dieser Sulfurizierung Schwefelwasserstoff in Sulfat-Ionen, eine für Pflanzen verwertbare Form, überführt wird, werden Schwefelbakterien zur Reinigung von mit Schwefelwasserstoff belasteter Industrieabwässer eingesetzt.
Bei den ebenfalls im Boden und Wasser lebenden nitrifizierenden Bakterien unterscheidet man Nitritbakterien wie *Nitrosomonas*, die mithilfe von Sauerstoff Ammoniak (NH_3) in Nitrit-Ionen (NO_2^-) und Wasser umwandeln, von Nitratbakterien wie *Nitrobacter*. Diese bilden unter Sauerstoffverbrauch aus Nitrit-Ionen Nitrat-Ionen (NO_3^-), welches als Nährsalz von Pflanzen aufgenommen werden kann.
Methan bildende Bakterien leben in Sümpfen und Kläranlagen. Sie produzieren aus Kohlenstoffdioxid und Wasserstoff Methan (CH_4) und Wasser. Diese Bildung von Biogas kann zur Energieerzeugung genutzt werden.

Chemosynthetisch arbeitende Mikroorganismen	**Reaktionsgleichungen**	**Energiegewinn**
Nitritbakterien		–544 kJ
Nitratbakterien		–151 kJ
farblose Schwefelbakterien (in Schwefelquellen, Kläranlagen usw.)		–420 kJ
		–588 kJ
Methanbildner (anaerob)		–131 kJ

2. Trainieren Sie Ihr Textverständnis.

Chemosynthese ist eine Form der Energiegewinnung, die nur bei wenigen ______________ auftritt. Diese leben häufig im ______________ oder im ______________. Wie bei der Fotosynthese der grünen Pflanzen wird auch bei der Chemosynthese ______________ reduziert. Dadurch können ______________ Kohlenstoffverbindungen aufgebaut werden. Chemoautotrophe Organismen besitzen jedoch keine ______________ Pigmente. Sie gewinnen die erforderliche Energie für den CALVIN-Zyklus aus lichtunabhängigen ______________ Synthesen. Ein Beispiel dafür ist die Oxidation von ______________. Wie die Fotosynthesebakterien benutzen auch chemoautotrophe Organismen zur Reduktion des ______________ statt NADPH + H^+ das ______________. Die Chemoautotrophie muss als abgeleitete Form der Autotrophie angesehen werden. Viele Chemosynthese-Bakterien brauchen für ihre Stoffwechselprozesse ______________.

Stickstoffkreislauf

Material:

Stickstoff ist wesentlicher Bestandteil der Aminogruppe in Aminosäuren, den Bausteinen der Proteine. Er ist damit lebensnotwendig für alle Lebewesen. In der Luft ist molekularer Stickstoff (N_2) mit 78 Prozent enthalten. Stickstoff scheint also allen Lebewesen in ausreichender Menge zur Verfügung zu stehen. Aber keine eukaryotische Lebensform (Einzeller, Pflanzen, Tiere, Menschen) kann diesen molekularen Luftstickstoff binden und damit direkt nutzen. Nur einige wenige Bakterienarten wie Cyanobakterien und Knöllchenbakterien sind dazu in der Lage. Dieser Vorgang wird als *biologische Stickstofffixierung* bezeichnet.

Stickstoff bindende Bakterien überführen den Luftstickstoff in Ammoniak (NH_3). Ammoniak wird entweder als Gas in die Atmosphäre freigesetzt, als Ammonium-Ion (NH_4^+) direkt von den Pflanzen aufgenommen oder von im Boden lebenden Nitritbakterien zu Nitrit-Ionen (NO_2^-) und dann von Nitratbakterien zu Nitrat-Ionen (NO_3^-) umgesetzt. Die wasserlöslichen Nitrat-Ionen können von Pflanzen über die Wurzeln aufgenommen werden. Für eine erfolgreiche Nitrat-Ionen-Aufnahme durch die Pflanzen ist eine gute Durchlüftung des Bodens erforderlich. Ist nur wenig Sauerstoff im Boden vorhanden, setzen denitrifizierende Bakterien molekularen Stickstoff aus den Nitrat-Ionen frei. Knöllchenbakterien leben symbiotisch in den Wurzeln von Leguminosen und Erlen. Sie binden den Luftstickstoff und stellen die Stickstoffverbindungen ihren Pflanzen als Ausgangsstoff für die Aminosäuresynthese zur Verfügung. Tierische Lebewesen nehmen Stickstoffverbindungen über pflanzliche Proteine auf. Über Fäkalien oder als Abbauprodukte pflanzlicher und tierischer Leichen kehren diese Stickstoffverbindungen als Ammoniak wieder in den Stickstoffkreislauf zurück.

Neben der bakteriellen Tätigkeit gibt es zwei weitere Möglichkeiten, Luftstickstoff in von Pflanzen aufnehmbare Nitrat-Ionen oder in Ammonium-Ionen umzuwandeln. Die bei einem Gewitter frei werdende Energie reicht aus, um aus Luft und Wasser Stickoxide (NO_x) zu bilden. In der Düngemittelindustrie wird seit Beginn des zwanzigsten Jahrhunderts auf chemischem Weg Luftstickstoff fixiert. Diese *chemische Stickstofffixierung* produziert große Mengen Nitrat- und Ammonium-Ionen.

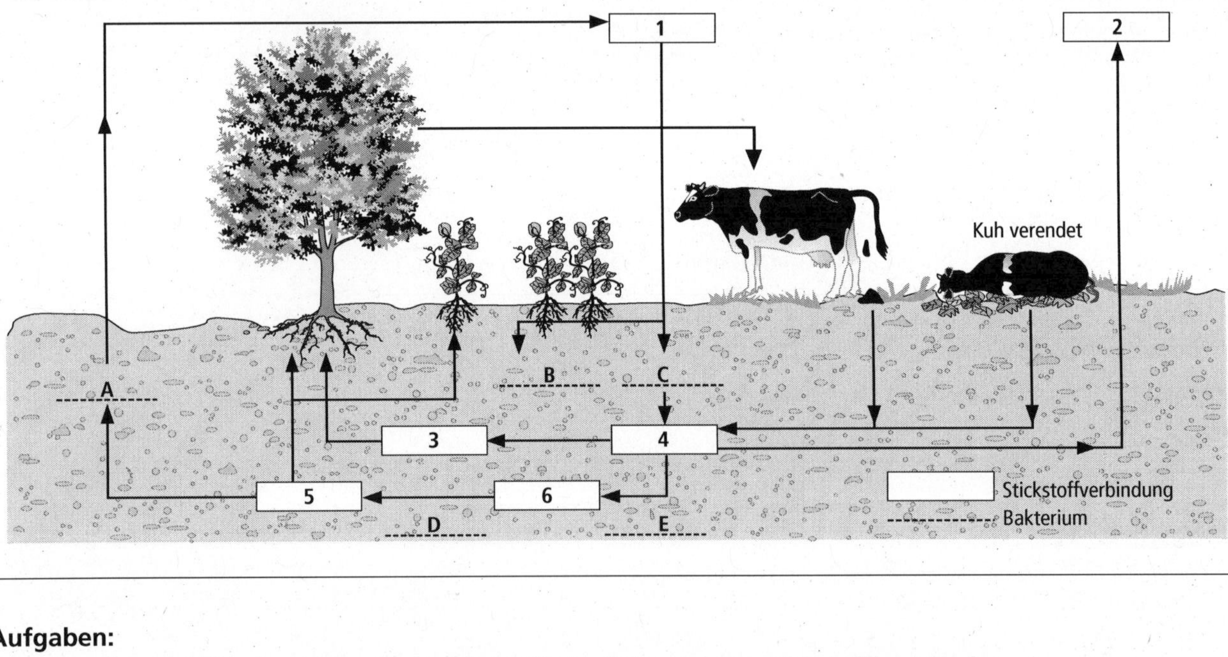

Aufgaben:

1. Geben Sie mithilfe des Textes die Fachbegriffe im Schema zum Stickstoffkreislauf an.
2. Große Probleme der Massentierhaltung in der industrialisierten Landwirtschaft sind der Import riesiger Mengen Futtermittel aus Ländern der dritten Welt und das Anfallen großer Güllemengen. Kennzeichnen Sie in Ihrem Schema die Stellen, auf die durch diese menschlichen Tätigkeiten direkt Einfluss auf den Stickstoffkreislauf genommen wird und erläutern Sie die globalen Folgen dieses Eingriffs.
3. Anders als noch vor 100 Jahren gehören heute Brennnesseln, Giersch und Springkraut zu den häufigen Pflanzenarten im Wald. Erklären Sie diese Veränderung mithilfe des Erschließungsfeldes „Angepasstheit“.

Gärungen – Energiegewinn ohne Sauerstoff

1. Atmungsvorgänge sind immer an das Vorhandensein von Sauerstoff gebunden. Bei Sauerstoffmangel werden organische Verbindungen in der Zelle nur unvollständig abgebaut. Man spricht dann von Gärungen, auch sie sind Dissimilationsvorgänge. Einige wichtige Gärungsprodukte sind aus unserem täglichen Leben nicht mehr wegzudenken, z. B. Käse, Jogurt, Quark, Ethanol und Essig. Auch beim Brot- und Kuchenbacken spielen Gärungsvorgänge eine wichtige Rolle.
   a) Nennen Sie die Fachbegriffe für die beiden wichtigsten Gärungsarten, die in den Abbildungen A und B schematisch dargestellt sind.
   b) Vergleichen Sie in einer Tabelle beide Gärungsformen hinsichtlich Ausgangsstoff, Reaktionsweg, Zwischenprodukten, Endprodukt und Energieumsatz. Wenden Sie auch das Erschließungsfeld „Stoff und Energie" an.

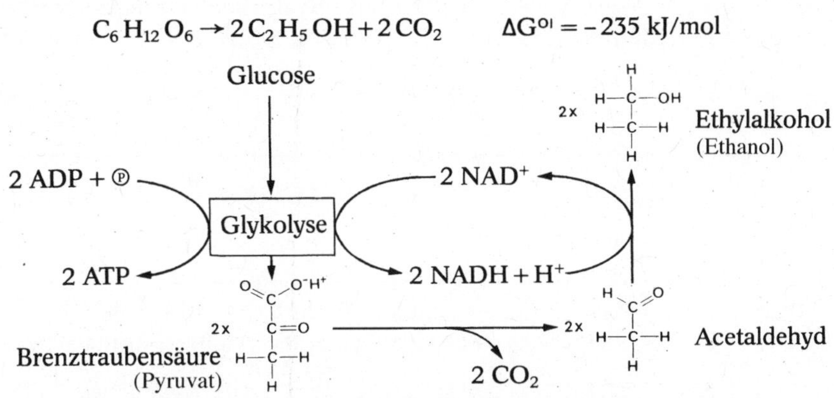

A

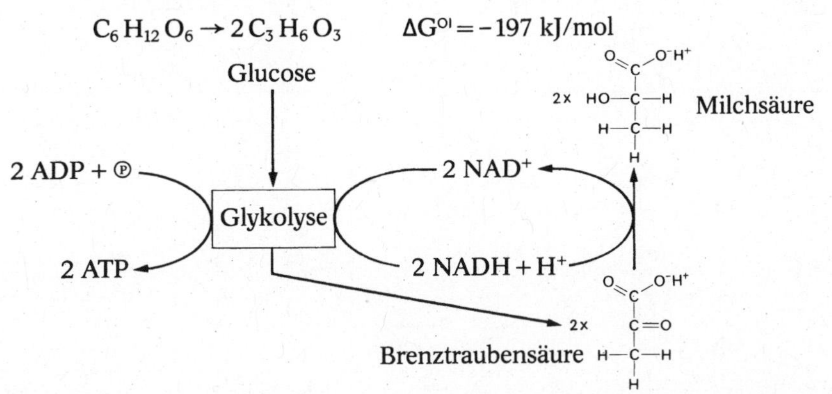

B

2. Neben Bakterien sind es vor allem Hefepilze, welche Gärungsarten zur Energiegewinnung nutzen. In einem Experiment hat man Glucoselösung mit Hefe beimpft und die Gärgefäße bei verschiedenen Temperaturen inkubiert. Protokollieren Sie die Beobachtungen und interpretieren Sie die Ergebnisse dieser Untersuchung.

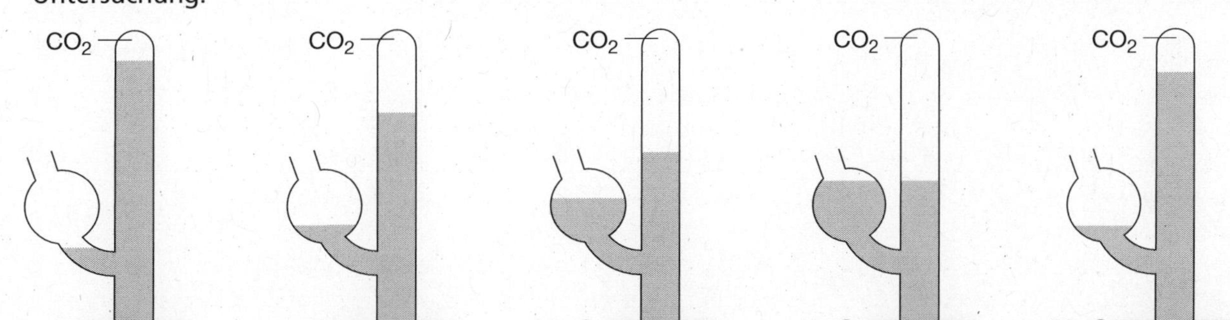

Vergleich Atmung – Gärung

1. Eine weitere Gärungsform ist die Buttersäuregärung, deren biochemischer Ablauf in der nebenstehenden Abbildung dargestellt ist. Ergänzen Sie die fehlenden Fakten zu dieser Gärungsform.

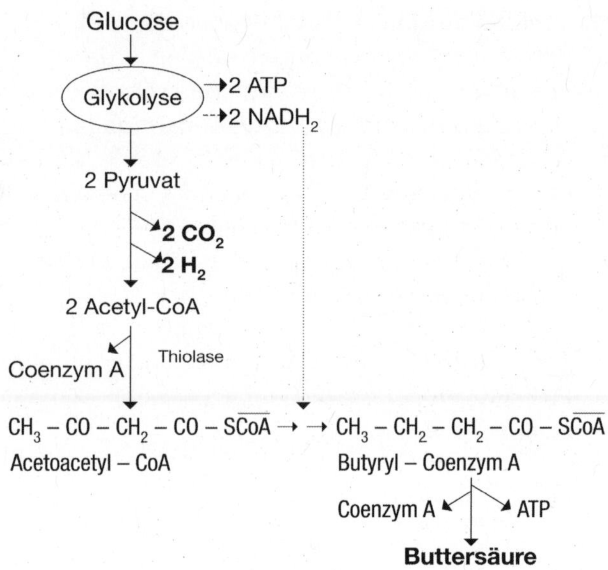

a) Organismus, bei dem diese Gärungsform abläuft:

____

b) Ausgangsstoffe für diese Reaktion:

____

c) Reaktionsbedingungen in Bezug auf den Sauerstoffgehalt:

____

d) Bruttogleichung für die Reaktion:

____

2. Ergänzen Sie die Tabelle zum Vergleich der Dissimilationsformen Atmung und Milchsäuregärung.

	Atmung	**Milchsäuregärung**
Gemeinsamkeit:		
Unterschiede: **– Reaktionsort in der Zelle**		
– Bruttogleichung		
– Reaktionsbedingungen		
– wesentliche Verlaufsschritte		
– Energiegewinn (pro Mol Glucose)		

Untersuchungen zu Gärungen

1 Alkoholische Gärung

Material: Bäckerhefe; Glucose; Bariumhydroxidlösung (Xi); Erlenmeyerkolben mit Gärröhrchen; langes Glasrohr mit passendem Gummistopfen; Heizplatte; Waage; Messzylinder; Wasser

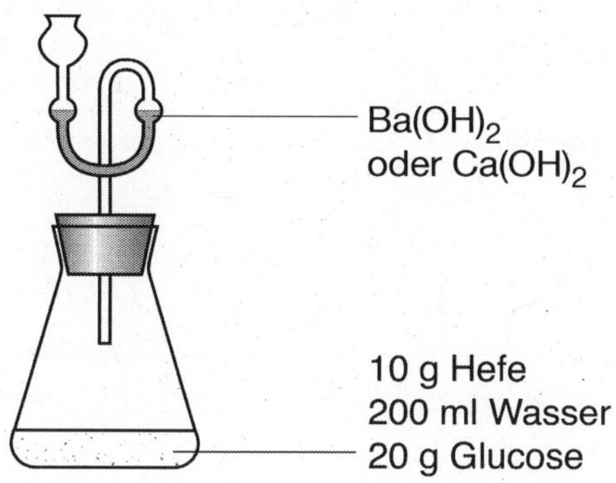

Durchführung: 10 g Bäckerhefe werden in 200 ml Leitungswasser suspendiert, in einen Erlenmeyerkolben gegeben und mit ca. 20 g Glucose versetzt. Der Kolben wird mit einem Gärröhrchen verschlossen, das Bariumhydroxidlösung zum Nachweis des gebildeten Kohlenstoffdioxids enthält.
Nach Beendigung der Gärung wird ein langes Glasrohr auf das Gärgefäß aufgesetzt und durch Erwärmen der gebildete Alkohol abdestilliert. Er brennt beim Entzünden ab.
Aufgabe:
Erstellen Sie ein Versuchsprotokoll.

2 Milchsäuregärung – Herstellen von Jogurt

Material: H-Milch; frischer, nicht pasteurisierter Jogurt gleicher Fettgehaltsstufe; mehrere kleine Schraubgläser; eventuell ein Wärmeschrank; pH-Papier
Durchführung: Vermischen Sie einen Liter H-Milch mit einem Becher frischem Jogurt. Teilen Sie das Gemisch auf mehrere Schraubgläser auf und stellen Sie diese mit leicht verschlossenem Deckel bei etwa 30 bis 45 °C in den Wärmeschrank. Prüfen Sie etwa stündlich den pH-Wert. Die Milchsäuregärung kann durch Kühlung gestoppt werden (Kühlschrank).
Aufgabe:
Erstellen Sie ein Diagramm der pH-Wert-Änderung.

3 Milchsäurebakterien in einer Jogurtprobe

Hinweis: Bei Jogurt handelt es sich um ein eiweißreiches, leicht verdauliches und damit gesundes Lebensmittel. Wichtig für die Durchführung ist die Verwendung von Jogurt mit lebenden Jogurtkulturen, man nutzt am besten den bei Versuch 2 hergestellten Jogurt.
Material: Lichtmikroskop und Zubehör; Jogurt, wie oben beschrieben; Objektträger und Deckgläschen; Pipette; Filterpapier; Methylenblaulösung (Xn); Zeichengeräte; weißes Papier
Durchführung:
Streichen Sie auf einem Objektträger etwas Jogurt sehr dünn aus.
Lassen Sie den Ausstrich zunächst antrocknen.
Färben Sie den Ausstrich, indem Sie Methylenblaulösung mithilfe des Filterpapiers durch das Präparat saugen. Warten Sie etwa drei Minuten.
Beobachten Sie nun das Präparat nach Auflegen des Deckgläschens bei 900- bis 1000facher Vergrößerung unter dem Mikroskop.

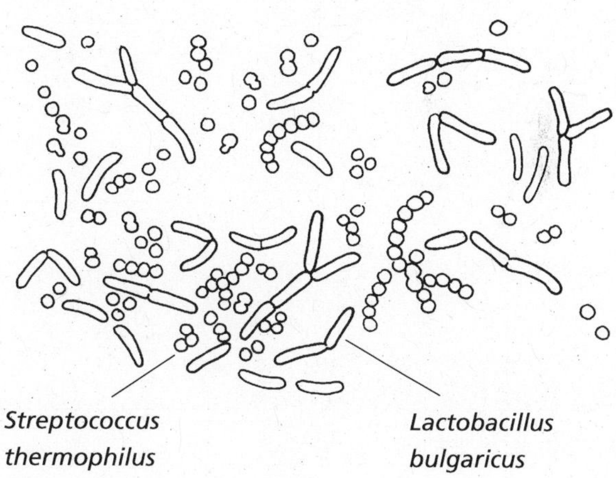

Aufgabe:
Zeichnen und identifizieren Sie die im Jogurt vorkommenden Milchsäurebakterien unter Verwendung der Abbildung.

Verdauung der Nährstoffe

Die Nährstoffe Kohlenhydrate, Fette und Proteine sind relativ komplexe Moleküle. Um in die Blutbahn zu gelangen, müssen die Nährstoffe in ihre Grundbausteine zerlegt werden. Dieser Vorgang läuft im Verdauungssystem unter Enzymbeteiligung ab.

1. Ergänzen Sie in der Übersicht, wie die Zerlegung der Nährstoffe in den Abschnitten des Verdauungskanals abläuft.

2. Geben Sie jeweils in Klammern darunter das beteiligte Enzym an.

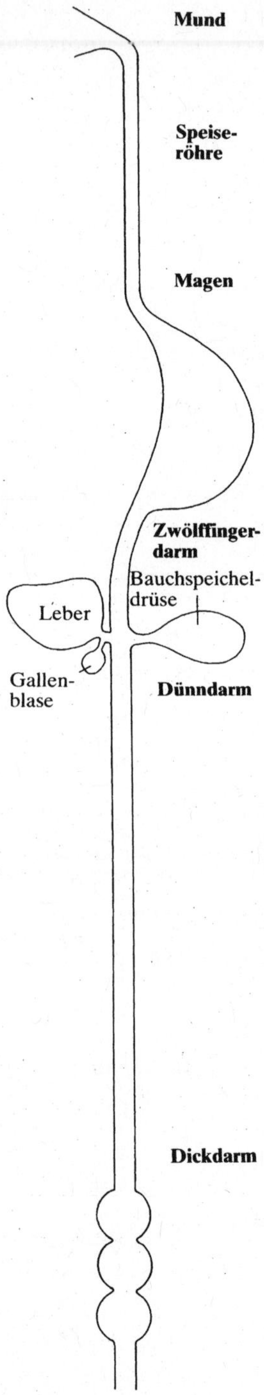

	Kohlenhydratabbau	Proteinabbau	Fettabbau
Mund / Speiseröhre	Stärke → ______ (______)		
Magen		Protein → ______ ______ (______)	
Zwölffingerdarm / Dünndarm	______ → Maltose (______) Maltose → ______ (______) Saccharose → Glucose + ______ (______) Lactose → Glucose + ______ (Lactase)	Protein → ______ ______ (Trypsin, Chymotrypsin) ______ → Dipeptide (______ ______) Dipeptide → Aminosäuren (______)	Triacylglycerin → ______ + ______ (Galle, Pankreaslipase) Monoacylglycerin → ______ + ______ (Darmlipase)
Dickdarm			

Resorption der Grundbausteine

1. In der nebenstehenden Abbildung ist ein Ausschnitt aus einer Dünndarmwand dargestellt. Deutlich erkennbar ist die Verwirklichung des Prinzips der Oberflächenvergrößerung. Erklären Sie Vorteile, die sich aus diesem Prinzip ergeben.

2. An die enzymatische Spaltung der Nährstoffe in ihre Grundbausteine schließt sich die Resorption an.
   a) Erklären Sie den Begriff Resorption.
   b) Beschreiben Sie die Resorption der einzelnen Grundbausteine mithilfe der folgenden Übersicht.

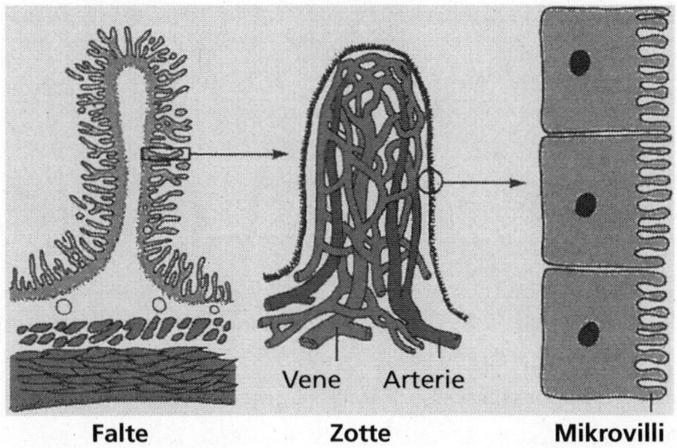

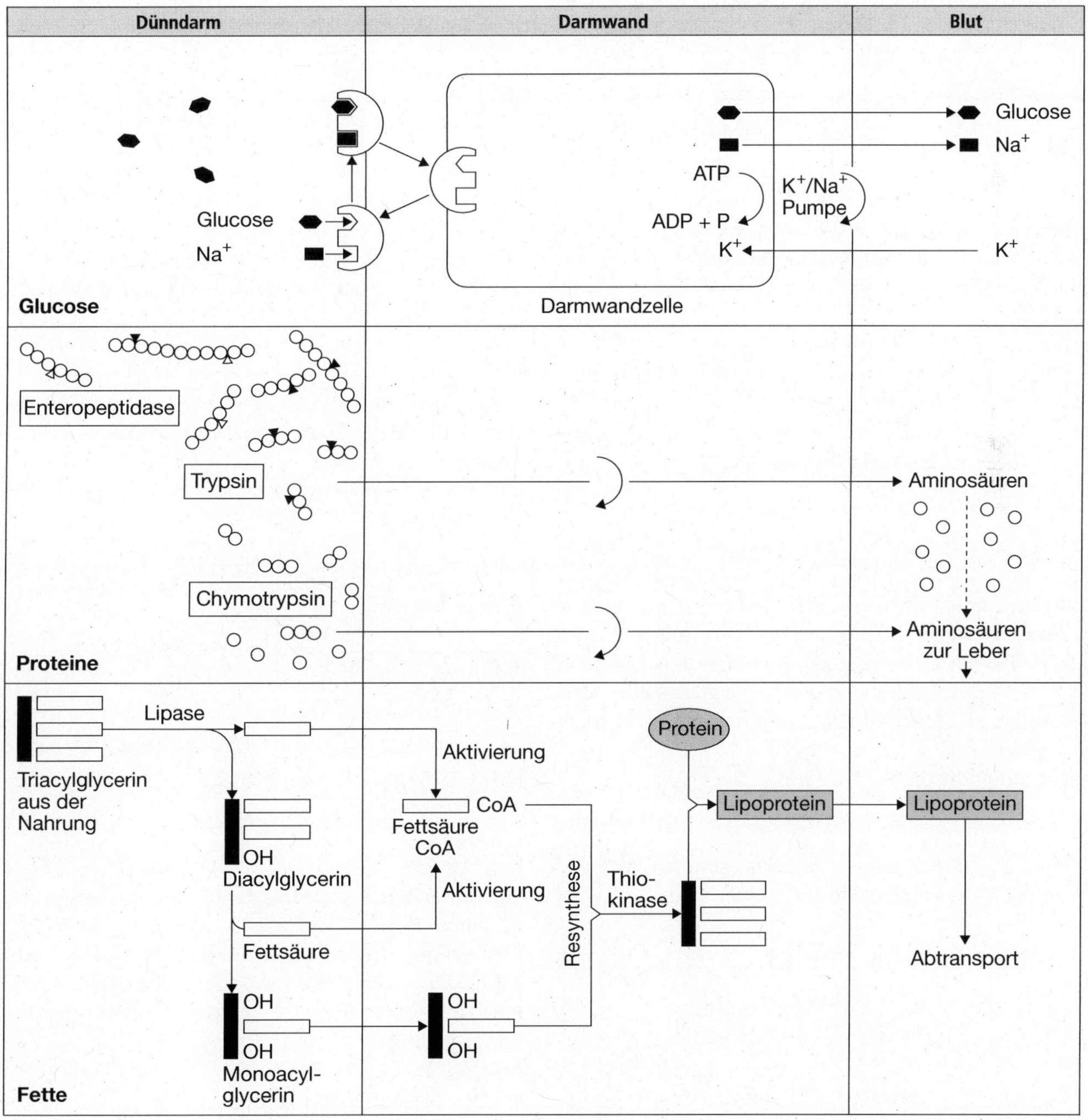

Wichtige Nährstoffnachweise und Versuche zur Verdauung

1 Nachweis von Glucose

C | | | | | | B2 | |

Material: FEHLINGsche Lösung (FEHLING I und FEHLING II, C); verschiedene Nahrungsmittel; Reagenzgläser
Durchführung: Mischen Sie gleiche Volumina von FEHLING I und FEHLING II in einem Reagenzglas und geben Sie dazu etwas von der Lebensmittelprobe. Anschließend ist das Reagenzglas vorsichtig zu erwärmen. Ein roter Niederschlag zeigt Glucose an.
Aufgabe:
Protokollieren Sie Ihre Ergebnisse.

2 Nachweis von Fett

F

Material: Sudan-III-Lösung (F); Fett; Öl; Reagenzgläser
Durchführung: Überschichten Sie Sudan-III-Lösung mit Öl und schütteln Sie kurz.
Aufgaben:
a) Protokollieren Sie Ihr Ergebnis.
b) Beschreiben Sie einen weiteren Fettnachweis.

3 Nachweis von Protein (Xanthoprotein-Reaktion)

C | B2

Material: konzentrierte Salpetersäure (C); erhitzte Eiklar-Lösung; weiße Vogelfeder; Hornspäne
Durchführung: Geben Sie je einen Tropfen konzentrierte Salpetersäure auf die zu untersuchenden Materialien. Vorsicht: Salpetersäure ist stark ätzend!
Aufgabe:
Protokollieren Sie Ihr Ergebnis.

Hinweis: Die folgenden Versuche sind im Wasserbad bei 37 °C durchzuführen.

4 Stärkeabbau durch α-Amylase

Xi | B2

Material: 1 %ige Stärkelösung; Iod-Kaliumiodidlösung; α-Amylase (eventuell Mundspeichel); verdünnte Salzsäure (Xi); Reagenzgläser; Bunsenbrenner
Durchführung: Geben Sie in vier Reagenzgläser 10 ml Stärkelösung. In zwei der Reagenzgläser geben Sie etwas α-Amylase. Eines davon kochen Sie kurz auf und lassen es wieder abkühlen. Die dritte Probe wird mit einigen Millilitern HCl und dann ebenfalls mit α-Amylase versetzt. Prüfen Sie nach einiger Zeit alle Proben mit Iod-Kaliumiodidlösung auf Stärke.
Aufgabe:
Erstellen Sie ein Versuchsprotokoll und erklären Sie das Ergebnis.

5 Wirkung von Pepsin

Xi | B2

Material: Pepsin oder Mezym®-Forte-Tabletten; hart gekochtes Eiklar; verdünnte Salzsäure (Xi); Reagenzgläser
Durchführung: Geben Sie in zwei Reagenzgläser je ein gleich großes Stück hart gekochtes Eiklar. Beide Gläser sind nun halb mit verdünnter Salzsäure zu füllen. Geben Sie dann zu einem der Reagenzgläser eine Spatelspitze Pepsin oder Mezym®-Forte und lassen Sie beide Reagenzgläser 24 Stunden stehen. Vergleichen Sie beide Reagenzgläser miteinander.
Aufgabe:
Erstellen Sie ein Versuchsprotokoll und erklären Sie das Ergebnis.

6 Fettverdauung

Xi | F | B1

Material: Kondensmilch; Pankreatin oder Mezym®-Forte-Tabletten; Phenolphthalein (F, Farbumschlag, farblos-violett bei pH 8,2); 1 %ige Natriumcarbonatlösung (Xi)
Durchführung: Geben Sie in zwei Reagenzgläser je 10 ml Milch, je einige Tropfen Phenolphthalein und so lange Natriumcarbonatlösung, bis eine leichte Rotfärbung erhalten bleibt. Die Milch ist jetzt leicht alkalisch. Fügen Sie dann einem der Gläser etwas Pankreatin oder Mezym®-Forte zu. Notieren Sie Ihre Beobachtung.
Aufgabe:
Werten Sie den Versuch aus.

Energiehaushalt gleichwarmer Tiere I

1. Jeder lebende Organismus steht im ständigen Stoff- und Energieaustausch mit seiner Umwelt. In der folgenden Übersicht sind zentrale Größen bei der Betrachtung des Energiehaushaltes dargestellt. Erklären Sie die angegebenen Begriffe.

Energiehaushalt

Grundumsatz	Arbeitsumsatz	Erhaltungsumsatz

2. Zur Messung des Energieumsatzes bedient man sich der Methode der direkten und indirekten Kalorimetrie. Beschreiben Sie beide Verfahren. Nutzen Sie die Abbildungen.

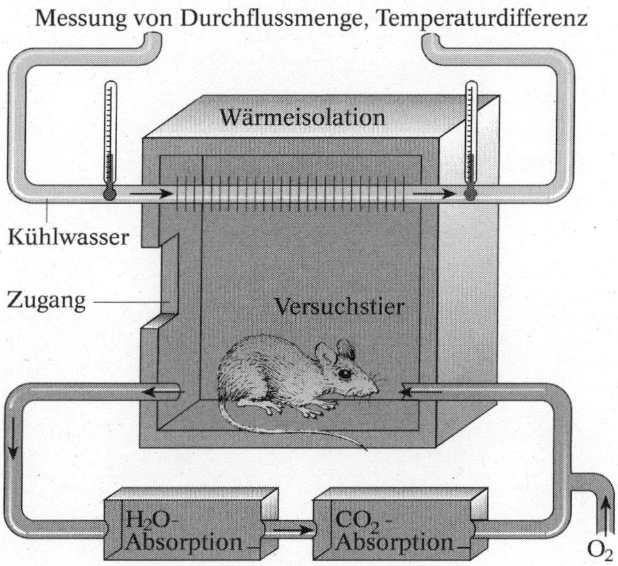

Prinzip der direkten Kalorimetrie

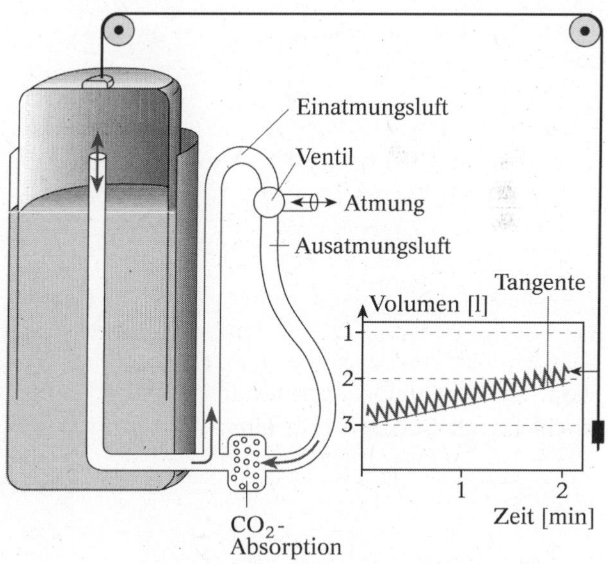

Prinzip der indirekten Kalorimetrie

3. Bei der Oxidation der drei wichtigsten Nährstoffgruppen Kohlenhydrate, Fette und Proteine wird Energie frei. Dabei wird zwischen einem physikalischen und einem physiologischen Brennwert unterschieden. Interpretieren Sie die Werte in der folgenden Tabelle:

	physikalischer Brennwert	physiologischer Brennwert
Kohlenhydrate	17 kJ/g	17 kJ/g
Fette	39 kJ/g	39 kJ/g
Proteine	24 kJ/g	17 kJ/g

Energiehaushalt gleichwarmer Tiere II

1. Gleichwarme Tiere halten ihre Körperkerntemperatur immer nahezu konstant. Da diese Temperatur im Allgemeinen über der Umgebungstemperatur liegt, wird also ständig Wärme abgegeben.
Um einen Zusammenhang zwischen der Stoffwechselleistung und der Körpergröße herstellen zu können, hat man für verschiedene Säugetiere ihren Energieumsatz in Abhängigkeit von ihrer Körpermasse bestimmt (siehe Diagramm B).
a) Interpretieren Sie das Diagramm B.
b) Erläutern Sie den Zusammenhang zwischen Körpergröße und Energieumsatz. Nutzen Sie dazu auch Tabelle A.

Organismus	Körpermasse in kg	Herzfrequenz in min^{-1}
Labormaus	0,021	450–500
Laborratte	0,4	300
Kaninchen	2,6	150–280
Hund	14	60–180
Mensch	65	72
Hausrind	600	45–56
Elefant	3670	22–28

Tabelle A

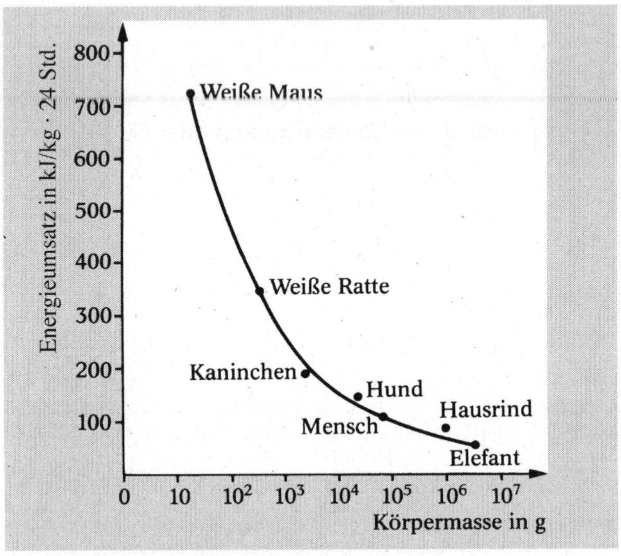

Diagramm B: Abhängigkeit des Energieumsatzes von der Körpermasse

2. a) Erläutern Sie die Begriffe respiratorischer Quotient und kalorisches Äquivalent.
b) Ermitteln Sie die respiratorischen Quotienten für folgende Beispiele. Stellen Sie dazu die jeweiligen Reaktionsgleichungen auf.

Kohlenhydrat
(Bsp.: Glucose)

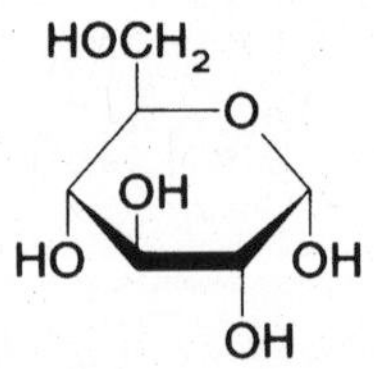

Fett
(Bsp.: Glycerintripalmitat)

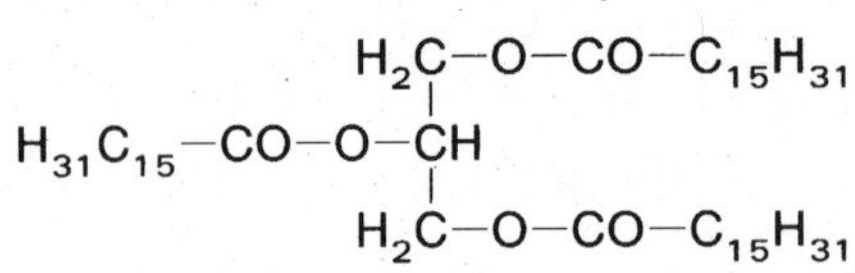

Protein
(Bsp.: Aminosäure Alanin)

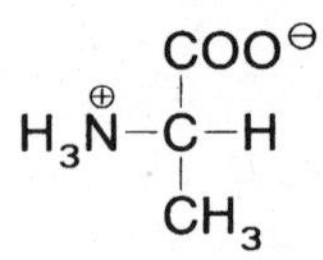

3. Eine Versuchsperson verbraucht während einer Versuchsdauer von 4,5 Minuten 2,1 Liter Sauerstoff. Es kam das Verfahren der indirekten Kalorimetrie zur Anwendung.
a) Berechnen Sie den Grundumsatz dieser Person an einem Tag. Legen Sie einen respiratorischen Quotienten von 0,86 zugrunde. Beachten Sie, dass dann ein Liter Sauerstoff einer Energiemenge von 20,41 kJ entspricht.
b) Nennen Sie einen möglichen Nachteil dieser Methode der Grundumsatzbestimmung.

Bau und Bedeutung von Lipiden

Material:

① **Allgemeiner Überblick**
Lipide sind eine chemisch recht uneinheitliche Gruppe von Makromolekülen, die nur ein gemeinsames Merkmal zeigen: Alle Lipide sind in Wasser kaum oder gar nicht löslich, dafür lösen sie sich gut in fettähnlichen Stoffen. Zu den Lipiden zählen die Fette, die Phospholipide, die Steroide, aber auch Wachse und bestimmte Pigmente.

Fette dienen in erster Linie der Energie-Speicherung. Bei ihrem Abbau wird mit 39 kJ pro Gramm deutlich mehr Energie frei als bei Kohlenhydraten oder Eiweißstoffen (je 17 kJ/g). Daher besitzen viele Pflanzen wie Sonnenblume, Raps oder Hasel ölhaltige Samen als Speicherorgan. Tiere speichern Fett in Fettzellen. Zusätzlich zur Energiespeicherung polstert das Fettgewebe lebenswichtige Organe wie die Nieren. Es wirkt ebenfalls isolierend als Unterhautfettgewebe. Bei Walen, Robben und anderen Meeressäugern ist es besonders stark ausgebildet.

Phospholipide sind strukturell mit den Fetten verwandt, sie besitzen jedoch nur zwei statt drei Fettsäurereste. Die dritte Hydroxylgruppe des Glycerins ist mit einer Phosphatgruppe verbunden. Die Vielfalt an Phospholipiden beruht auf den unterschiedlichen Fettsäureresten und den zusätzlichen Gruppen, die an den Phosphatrest gebunden sind. Phospholipide zeigen Wasser gegenüber ein besonderes Verhalten: ihr „Kopf" ist hydrophil, die „Schwänze" sind jedoch hydrophob. Phospholipide sind der Hauptbestandteil aller Membranen.

Steroide sind Lipide, die ein Kohlenstoffgerüst aus vier verbundenen Kohlenstoff-Ringen besitzen. Dieses Ringsystem kann verschiedene funktionelle Gruppen tragen. Ein Beispiel für ein Steroid ist das Cholesterin, ein Bestandteil der Membranen tierischer Zellen und Vorläufer für die Synthese anderer Steroide. Aus ihm entstehen auch die Sexualhormone der Wirbeltiere.

② **Lipide sind strukturell sehr verschieden**

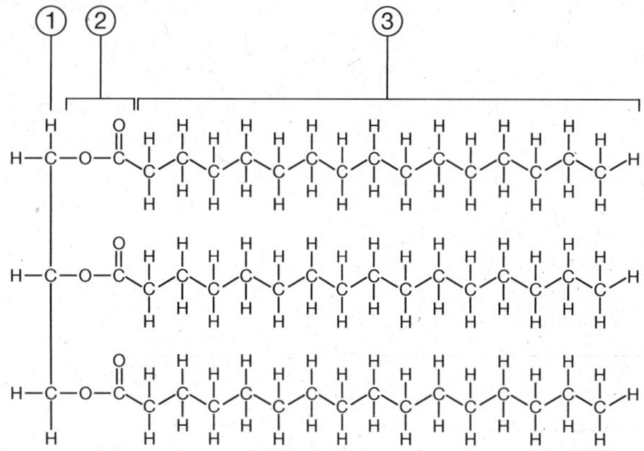

A

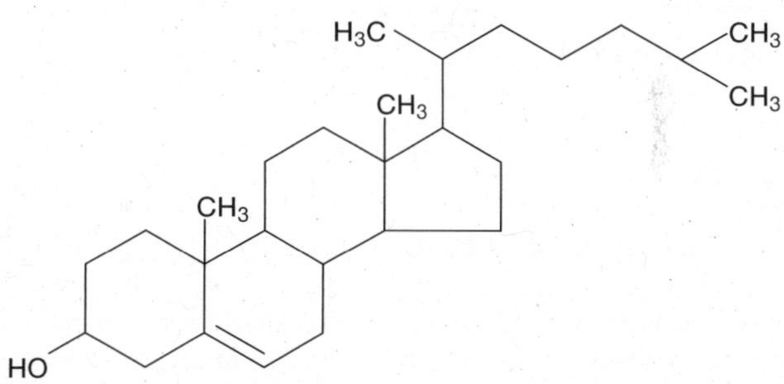

B

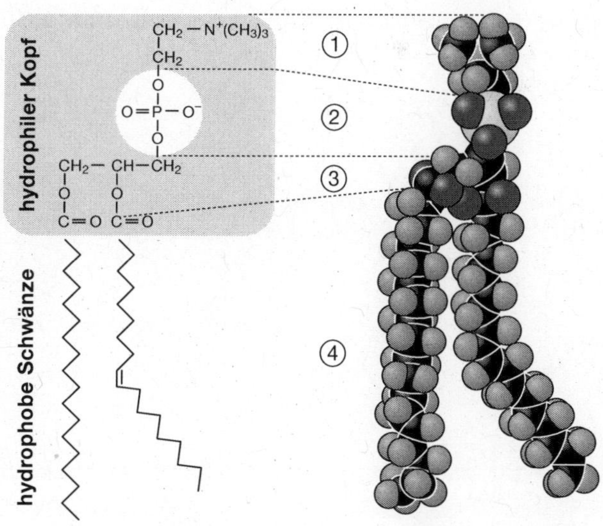

C

Aufgaben:

1. Erläutern Sie Bau und Bedeutung von Lipiden für den Menschen. Nutzen Sie dazu ①.
2. Benennen Sie die in ② abgebildeten Lipidfamilien A bis C.
3. Ordnen Sie den in ② gekennzeichneten Bestandteilen die entsprechenden Fachbegriffe zu. Erläutern Sie mithilfe dieser Begriffe den Aufbau der Moleküle.

Bau und Bedeutung von Kohlenhydraten

Material:

① **Monosaccharide**
Monosaccharide sind die einfachsten Kohlenhydrate. Sie haben meist die Summenformel $(CH_2O)_n$. In der Strukturformel lassen sich die typischen Kennzeichen aller Zucker wiederfinden: Sie besitzen sowohl eine Keto- oder Aldehydgruppe (–C=O bzw. –CHO) als auch mehrere Hydroxylgruppen (–OH). Je nachdem, welche Gruppe auftritt, ist der Zucker entweder eine Ketose oder eine Aldose. Ein weiteres Kriterium für die Klassifizierung von Zuckern ist die Länge des Kohlenstoffgerüstes, das drei bis sieben Kohlenstoffatome umfassen kann.

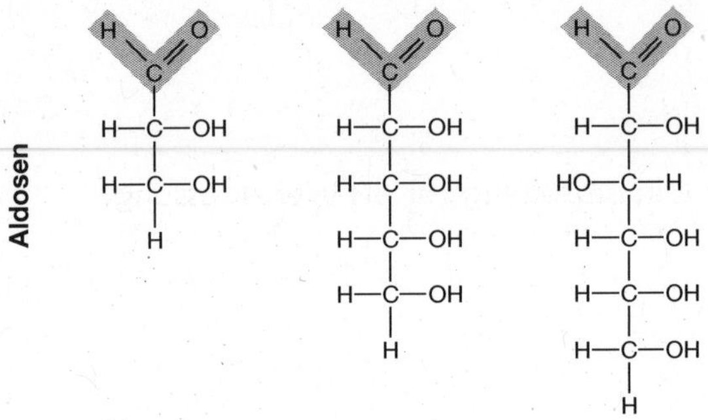

Glycerinaldehyd | Ribose | Glucose

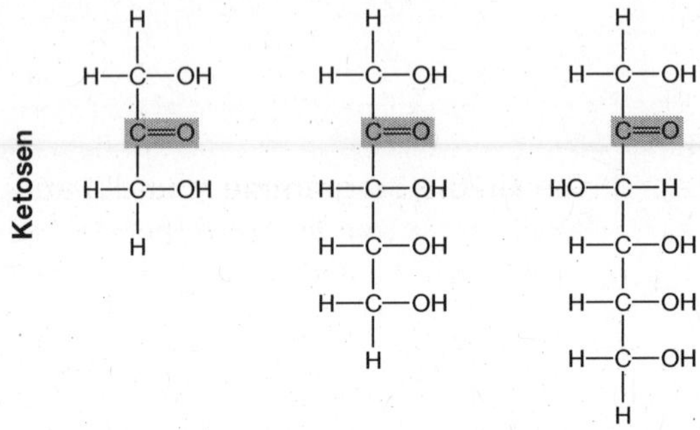

Dihydroxyaceton | Ribulose | Fructose

② **Polysaccharide**
Polysaccharide sind Makromoleküle, die aus einigen hundert bis mehreren Tausend Monosaccharidbausteinen bestehen. Die einzelnen Bausteine sind über glykosidische Bindungen miteinander verknüpft. Man unterscheidet Speicherpolysaccharide, wie Stärke in Pflanzen oder Glykogen bei Tieren, von Strukturpolysacchariden. Cellulose, die Gerüstsubstanz pflanzlicher Zellen, und Chitin, das bei Insekten, Krebsen und Spinnentieren am Aufbau des Außenskelettes beteiligt ist, sind Beispiele für Strukturpolysaccharide.
Ein Cellulosemolekül ist ein unverzweigtes Polymer aus Glucosebausteinen. Die parallel in langen Ketten angeordneten Cellulosemoleküle werden durch Wasserstoffbrückenbindungen zusammengehalten. So können sich etwa 80 Cellulosemoleküle aneinander lagern und eine Mikrofibrille bilden, den wichtigsten Baustein der Zellwand pflanzlicher Zellen.

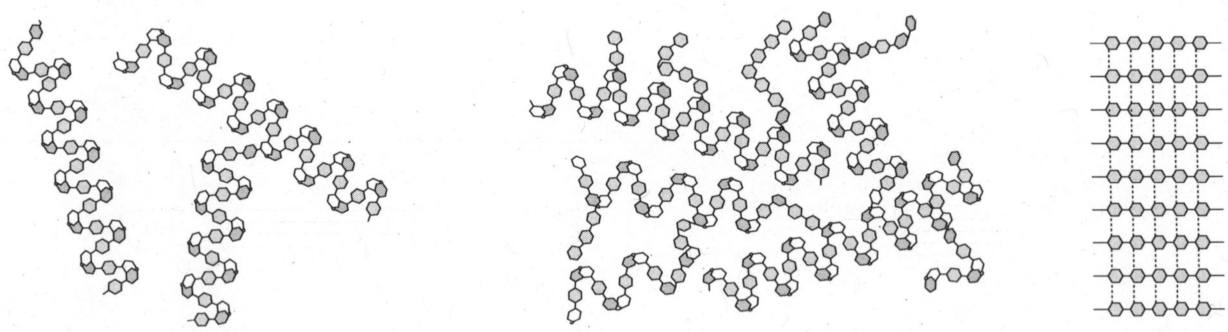

A | B | C

Aufgaben:
1. Begründen Sie mithilfe von ①, warum Glucose als Aldohexose bezeichnet wird.
2. Geben Sie für drei der in ① abgebildeten Monosaccharide eine Bedeutung an.
3. Verfassen Sie einen Informationstext zu den Disacchariden und stellen Sie ein passendes Beispiel mit Strukturformel und Bedeutung vor.
4. Ergänzen Sie Namen, Kurzbeschreibung und Vorkommen der in ② (A bis C) abgebildeten Polysaccharide.

Stoffwechsel I

1. Zeichnen und beschriften Sie eine schematische Skizze vom Feinbau eines Chloroplasten.

2. Die Fotosynthese ist von großer Bedeutung für das Leben auf der Erde.
   a) Erläutern Sie die lichtabhängigen Reaktionen der Fotosynthese.
   b) Erklären Sie die Abhängigkeit der Fotosyntheseleistung von drei verschiedenen Außenfaktoren unter Mitverwendung geeigneter Diagramme. Nutzen Sie das Erschließungsfeld „Wechselwirkung".
   c) Belegen Sie die Bedeutung der Fotosynthese anhand verschiedener Beispiele.

3. Die Zimmerpflanze Flammendes Kätchen *(Kalanchoe blossfeldiana)* gehört zu den Dickblattgewächsen. Die pH-Messung des Zellsaftes ihrer dickfleischigen Blätter führt zu folgendem Ergebnis: Der pH-Wert ist morgens am niedrigsten und abends am höchsten. Diese Pflanze gehört zu den so genannten CAM-Pflanzen.
   a) Werten Sie die Diagramme A und B aus und setzen Sie C in Beziehung zur pH-Wert-Messung.
   b) Beschreiben Sie den in Abbildung D dargestellten Stoffwechselweg einer CAM-Pflanze.
   c) Stellen Sie den Mechanismus der CO_2-Fixierung einer CAM-Pflanze dem einer heimischen krautigen Pflanze tabellarisch gegenüber.
   d) Welche ökologische Bedeutung hat diese Form der CO_2-Fixierung der CAM-Pflanzen?

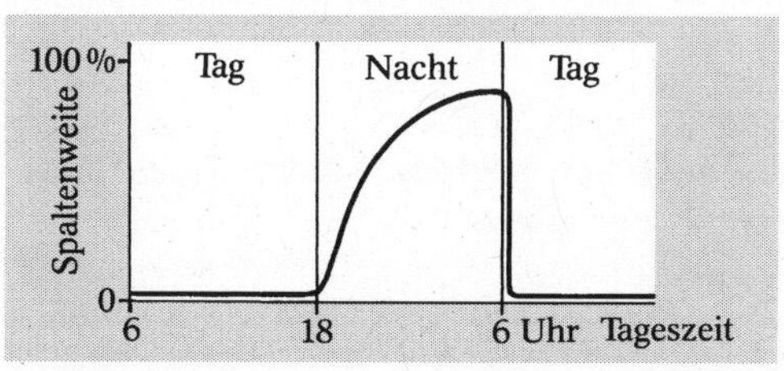

A Öffnung der Stomata im Tagesverlauf

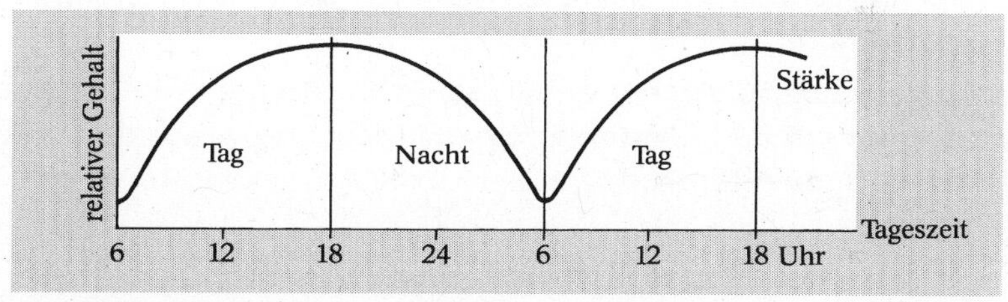

B Gehalt an Stärke im Tagesverlauf

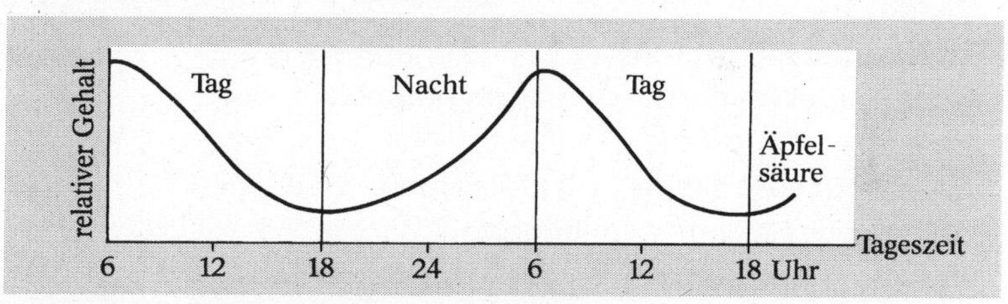

C Gehalt an Äpfelsäure im Tagesverlauf

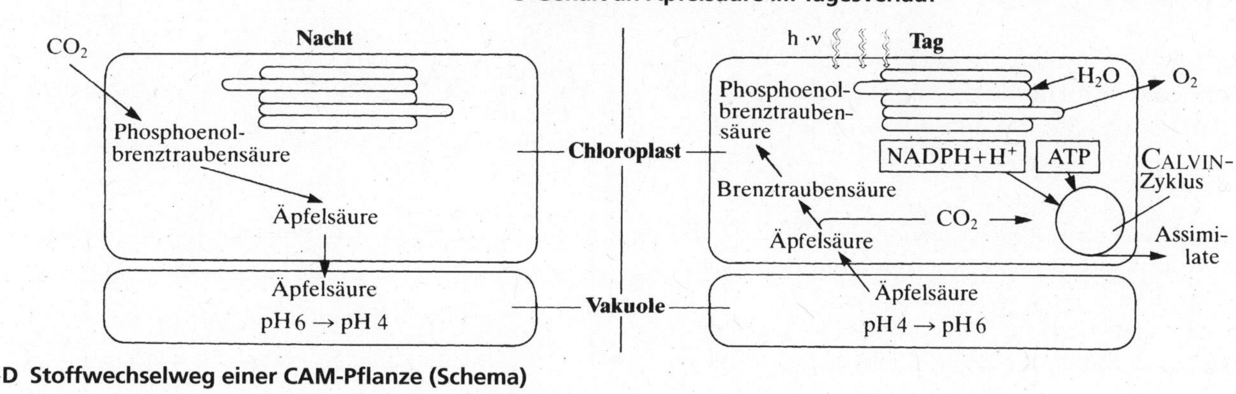

D Stoffwechselweg einer CAM-Pflanze (Schema)

4. Erläutern Sie an einem selbst gewählten Beispiel unter Angabe der entsprechenden chemischen Gleichung die Chemosynthese. Wenden Sie das Erschließungsfeld „Stoff und Energie" an.

5. Planen Sie ein Experiment, mit dem Sie die Notwendigkeit des Kohlenstoffdioxides für die Fotosynthese zeigen können. Geben Sie Materialien, Durchführung und die zu erwartenden Ergebnisse an.

Stoffwechsel II

1. Eine Mittelstreckenläuferin gewinnt während des Laufes die benötigte Energie aus verschiedenen Prozessen, die alle in den Muskelzellen ablaufen. Die grafische Darstellung zeigt den Verlauf dieser Prozesse.

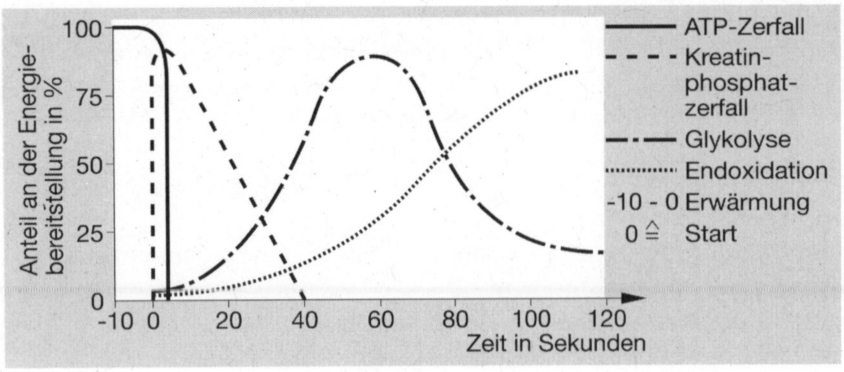

a) Interpretieren Sie das dargestellte Diagramm.
b) Stellen Sie in einer Tabelle den anaeroben und den aeroben Prozess der Energiefreisetzung in der Muskelzelle bezüglich Ort der Reaktion, wesentlicher Reaktionsschritte und Energiebilanz gegenüber.
c) Beschreiben Sie den Verlauf der Glykolyse bei der Atmung.

2. Winterschläfer veratmen in der Ruheperiode hauptsächlich Fette. Andere Reservestoffe wären als Energieträger weniger geeignet.
a) Erstellen Sie eine Gleichung für die Veratmung eines Fettes, dessen Moleküle die Fettsäurereste der Palmitinsäure ($C_{16}H_{32}O_2$), Stearinsäure ($C_{18}H_{36}O_2$) und Ölsäure ($C_{18}H_{34}O_2$) in stöchiometrisch gleichen Mengen enthalten.
b) Berechnen Sie den respiratorischen Quotienten für die Veratmung dieses Fettes.
c) Erläutern und begründen Sie die Möglichkeit, aus den unterschiedlichen Werten für den respiratorischen Quotienten Rückschlüsse auf die Art der veratmeten Stoffe zu entziehen.

3. Seit ältester Zeit führt der Mensch mithilfe von Mikroorganismen verschiedene Gärungsvorgänge durch.
a) Nennen Sie drei dieser Mikroorganismen und fünf Produkte, die durch Gärung hergestellt werden.
b) Formulieren Sie die Bruttogleichung für die alkoholische Gärung ausgehend von Glucose. Erläutern Sie dann (ohne Formeln!) die wesentlichen biochemischen Vorgänge dieses Prozesses.

4. Entwickeln Sie ein Schema, in dem der Abbau der Kohlenhydrate im Verdauungskanal verdeutlicht wird. Geben Sie die an den einzelnen Schritten beteiligten Enzyme an.

5. In der nebenstehenden Abbildung sind biochemische Reaktionen in den Mitochondrien dargestellt. Begründen und erläutern Sie die zentrale Stellung des Citratzyklus mithilfe der Abbildung und des Erschließungsfeldes „Wechselwirkung".

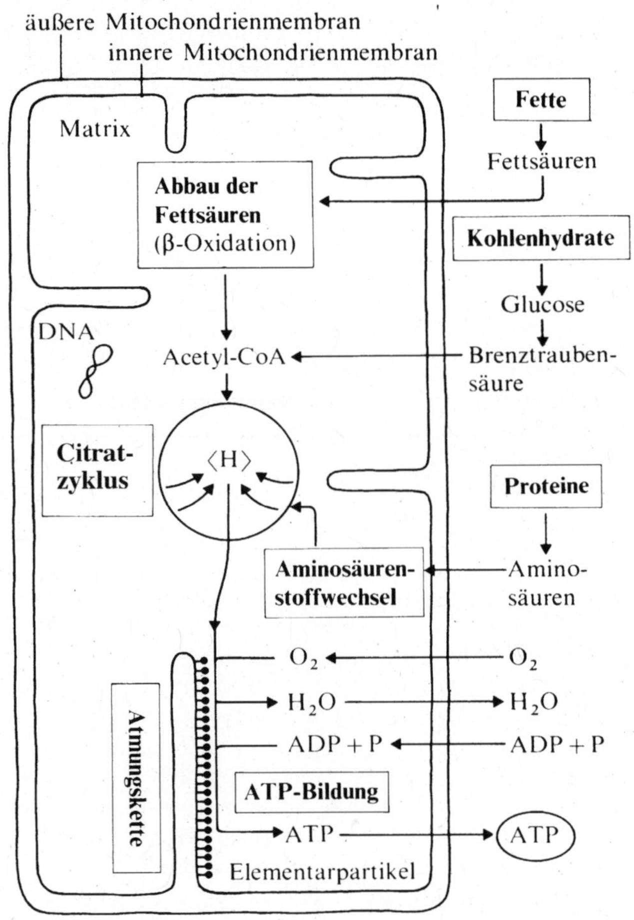

Stoffwechsel III

Material:

① **Insektivoren im Überblick**

Zu den Insektivoren gehören weltweit über 500 Pflanzenarten aus sechs verschiedenen Familien. Sie haben grüne Blätter, besitzen also Chlorophyll und ernähren sich autotroph. Sie leben auf Sumpf-, Moor-, Sand- und Gebirgsrohböden oder als submerse Wasserpflanzen in oligotrophen Gewässern.

Insektivoren fangen und verdauen Tiere, meist kleine Insekten. Zum Abbau der organischen Substanz der Beutetiere werden Verdauungsfermente ausgeschieden. Am häufigsten enthalten die Lösungen Proteasen, Esterasen und Phosphatasen. Die Stoffe wirken meist rasch, sodass die Abbaugeschwindigkeit relativ hoch ist. Nicht abbaubare Stoffe wie Chitinpanzer bleiben zum Schluss übrig.

② **Fangmethoden**

Tierfangende Pflanzen haben verschiedene Fangmethoden entwickelt:

Fangmethoden

- passiv (ohne Bewegungsmechanismen)
  - Gleitfallen
  - Reusenfallen
  - Klebfallen
- aktiv (mit Bewegungsmechanismen)
  - Klebfallen
  - Klappfallen
  - Saugfallen

Beispiele für insektivore Pflanzen:

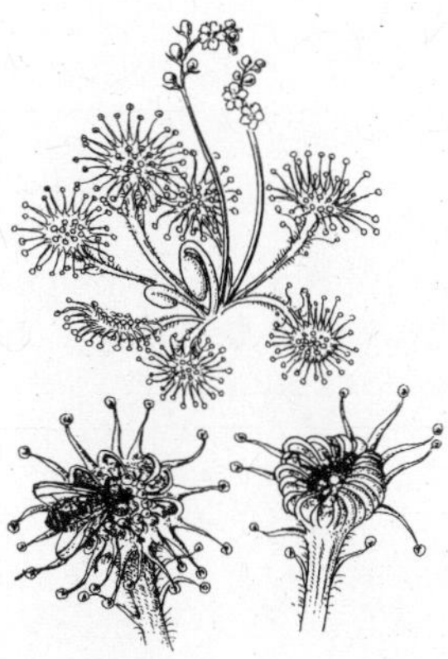

Sonnentau

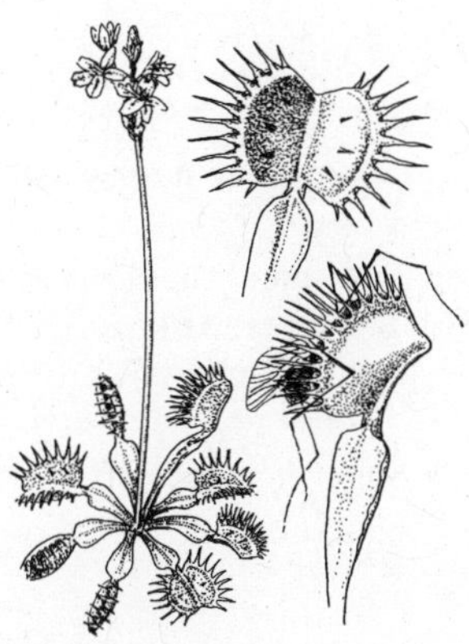

Venusfliegenfalle

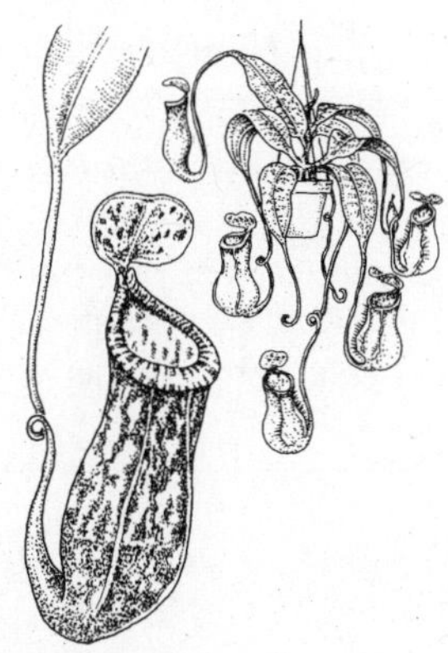

Kannenpflanze

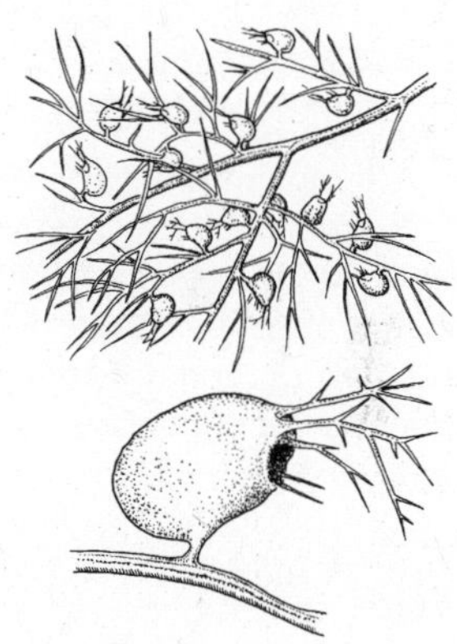

Wasserschlauch

Aufgaben:

1. Welche ökologischen Besonderheiten weisen die Lebensräume von Insektivoren auf? Daraus ergibt sich ein Problem für diese Pflanzen. Nennen Sie das Problem und erläutern Sie dessen Lösung. Denken Sie an die Inhalte des Erschließungsfeldes „Angepasstheit".
2. Ordnen Sie die vier Pflanzenbeispiele der entsprechenden Fangmethode zu.
3. Beschreiben Sie die Fangmethode des Sonnentaus genauer.
4. Der Abbau der Insektenkörper erfolgt mithilfe eines Verdauungssekretes.
   a) Zu welchen biologischen Wirkstoffen gehören die im Text genannten Proteasen und Esterasen?
   b) Beschreiben Sie den allgemeinen Bau eines solchen Stoffes.
   c) Beschreiben Sie die allgemeine Wirkungsweise eines solchen Stoffes.
5. Auch Insektivoren ernähren sich autotroph. Erläutern Sie den Ablauf der lichtunabhängigen Reaktionen bei der Fotosynthese.

Stoffwechsel IV

Material:

① **Mauersegler**

② **Verbreitung vom Mauersegler**

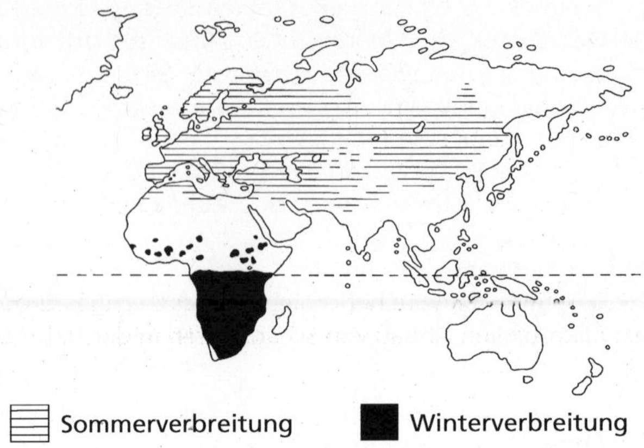

③ **Wesentliche Merkmale**

Körpermaße/Physiologie	Fortpflanzung	Lebensweise
Länge: ca. 16,5 cm Flügelspannweite: 42 bis 48 cm Gewicht: ca. 43 g Körpertemperatur: 44 °C Herzfrequenz: 700 Schläge pro Minute	Geschlechtsreife: mit vier Jahren Brutzeit: Mai bis Juni Anzahl der Bruten: eine Gelege: zwei bis drei Eier Brutdauer: ca. 19 Tage Nestlingsdauer: 40 bis 50 Tage	Verhalten: gesellig Nahrung: mehrere zehntausend Kleininsekten werden täglich in 2 bis 3 km Höhe erbeutet Lebenserwartung: bis 20 Jahre

Bis Anfang August halten sich Mauersegler in unseren Breiten auf, dann fliegen sie in Schwärmen in das südliche Afrika, wo sie den Winter verbringen.
Dabei überqueren sie das Mittelmeer (ca. 450 km) und folgen dann dem Nil. Ihre durchschnittliche Geschwindigkeit beträgt bei diesem Flug 150 km · h^{-1}, täglich werden ca. 400 bis 500 km zurückgelegt. Das Glykogen-Depot der Leber und die während des Sommers angelegten Fettreserven, welche etwa 50 % des Körpergewichts ausmachen, dienen dabei als Energielieferanten.

Aufgaben:

1. a) Zeichnen und beschriften Sie ein Mitochondrium.
   b) Stellen Sie den Verlauf des Fettabbaus zur Energiegewinnung in einem Schema dar.
   c) Ermitteln Sie den durchschnittlichen Arbeitsumsatz, den der Mauersegler pro Stunde nur haben darf, damit er ohne Nahrungsaufnahme und nur durch Verbrauch seiner Fettreserven (39 kJ · g^{-1} Fett) die Mittelmeerüberquerung bei 50 Reservekilometern bewältigen kann.
   d) Finden Sie weitere Bedingungen, die bei der Berechnung unberücksichtigt geblieben sind.
2. Herrscht eine länger andauernde Kälteperiode, so ist eine Absenkung der Körpertemperatur der anfangs nackten Jungtiere auf 20 °C bei gleichzeitiger Verringerung von Atem- und Herzfrequenz zu verzeichnen. Erklären Sie, welche Bedeutung die beschriebene Absenkung der Körpertemperatur bei den Jungvögeln hat.
3. Erläutern Sie mindestens zwei Vorteile, die sich für die Mauersegler aus dem Zugverhalten ergeben.
4. Wenden Sie das Erschließungsfeld „Angepasstheit" auf den Mauersegler an.
5. Begründen Sie, ob Mauersegler zu den Nesthockern oder Nestflüchtern gehören. Nennen Sie Merkmale für Nesthocker.

Biologische Sanierung

Material:

① Tankerunglück

Im November 2002 kenterte der mit 77 000 Tonnen Schweröl beladene Tanker „Prestige" vor der Küste Galiziens im Atlantik. Etwa 20 000 Tonnen der Ladung ergossen sich ins Meer. Das meiste versank mit dem Wrack auf den Meeresgrund und stellt in 3600 Metern Tiefe eine dauerhafte Bedrohung der Umwelt dar.
Schweröl ist ein Verarbeitungsprodukt des Erdöls, einem Gemisch verschiedener Kohlenwasserstoffe. Kohlenwasserstoffe sind organische Verbindungen, die ausschließlich aus Kohlenstoff und Wasser bestehen. Da Erdöl eine geringere Dichte als Wasser besitzt, schwimmt es als Ölteppich auf der Wasseroberfläche. Ein Teil der Kohlenwasserstoffe verdunstet oder wird mikrobiell abgebaut. Der Rest des Öls verklumpt, wird an die Küste gespült oder sedimentiert. Die langfristigen Folgen der Sedimentation auf das Ökosystem Meer sind nicht bekannt.
Bakterien können die energiereichen Kohlenwasserstoffe nur für ihre Ernährung nutzen, wenn sie das Enzym Monooxygenase herstellen können. Dieses Enzym katalysiert die Initialreaktion beim Abbau der Kohlenwasserstoffe. Den mikrobiellen Abbau von Schadstoffen in der Natur bezeichnet man als *biologische Sanierung*.

② Verschiedene Kohlenwasserstoffe im Erdöl

Alkan (n-Octan) Anteil am Erdöl: bis 50 % Nur langkettige Alkane werden biologisch abgebaut.	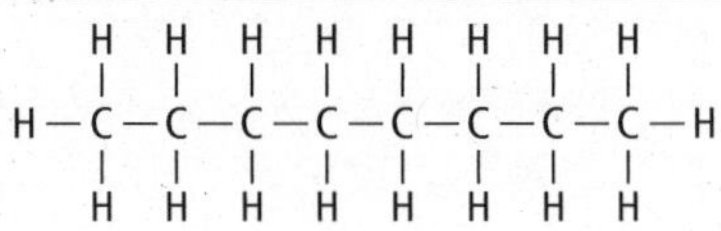
Cycloalkan (Cyclohexan) Anteil am Erdöl: 30 - 80 % biologisch kaum abbaubar	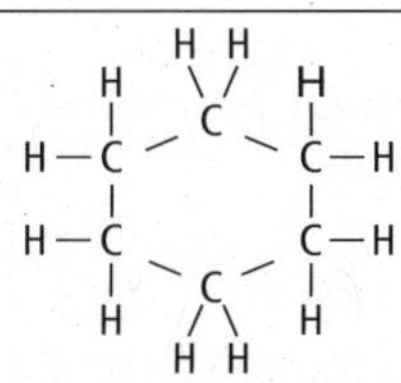
Aromat (Benzol) Anteil am Erdöl: 20 - 30 % biologisch kaum abbaubar	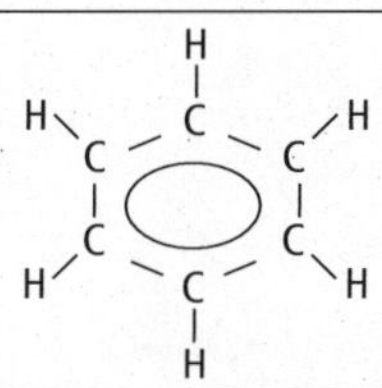

③ Sauerstoffgehalt und Temperatur in der Tiefsee

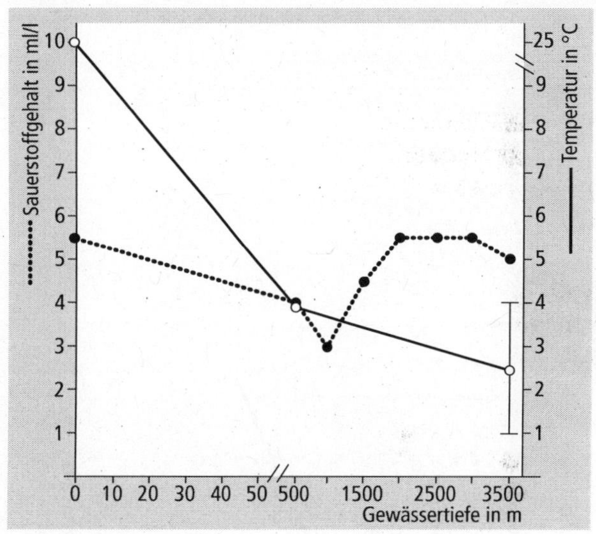

④ Biologische Sanierung – mikrobieller Abbau von Kohlenwasserstoffen

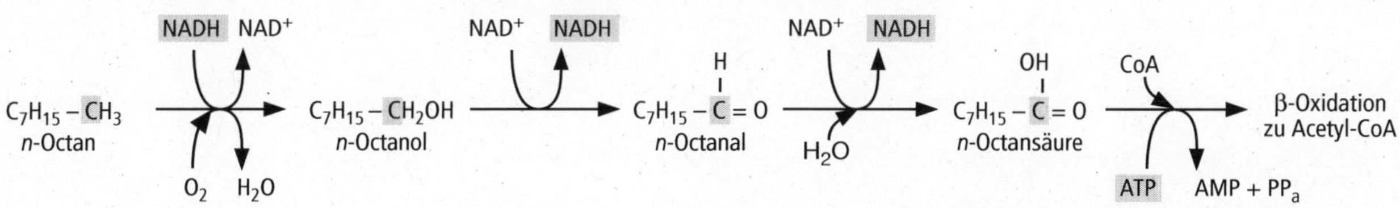

Aufgaben:

1. Welche Bedrohungen gehen von der Havarie eines Erdöltankers für die Umwelt aus? Skizzieren Sie die Zusammenhänge. Nutzen Sie das Erschließungsfeld „Wechselwirkung".
2. Beschreiben Sie die Teilprozesse beim mikrobiellen Abbau der Kohlenwasserstoffe und erklären Sie in diesem Zusammenhang die zentrale Bedeutung des Citratzyklus bei der Dissimilation.
3. Begründen Sie, warum nicht alle Kohlenwasserstoffe mikrobiell abgebaut werden können.

Energieumsatz und Medizin

Material:

① Die BASEDOWsche Krankheit

1840 beschrieb der Arzt Karl von BASEDOW die später nach ihm benannte BASEDOWsche Krankheit. Charakteristische Symptome dieser Erkrankung sind hervortretende Augäpfel, Kropfbildung, unterdurchschnittliche Körpergröße, rapide Gewichtsabnahme in kurzer Zeit trotz ausreichender Ernährung, erhöhte Körpertemperatur, gesteigerte Atemfrequenz, Herzklopfen, Nervosität und Schlaflosigkeit. Einige dieser Symptome weisen auf eine Störung des Energiestoffwechsels hin. Um die vorläufige Diagnose zu überprüfen, wird bei betroffenen Personen der Grundumsatz gemessen und mit dem gesunder Personen verglichen. Die Kropfbildung kann durch eine Fehlfunktion der Schilddrüse ausgelöst werden. Diese produziert das Hormon Thyroxin.

② Messwerte bei einer Grundumsatzbestimmung

	kranke Person	gesunde Person
Geschlecht	weiblich	weiblich
Alter	44 Jahre	45 Jahre
Größe	156 cm	165 cm
Gewicht	48 kg	61 kg
Atemminutenvolumen	7,0 Liter	5,46 Liter
Sauerstoffverbrauch in %	4,43 %	4,10 %
Kohlenstoffdioxidabgabe in %	3,78 %	3,09 %

③ Sauerstoffverbrauch eines Kleintieres nach Injektion von Thyroxin

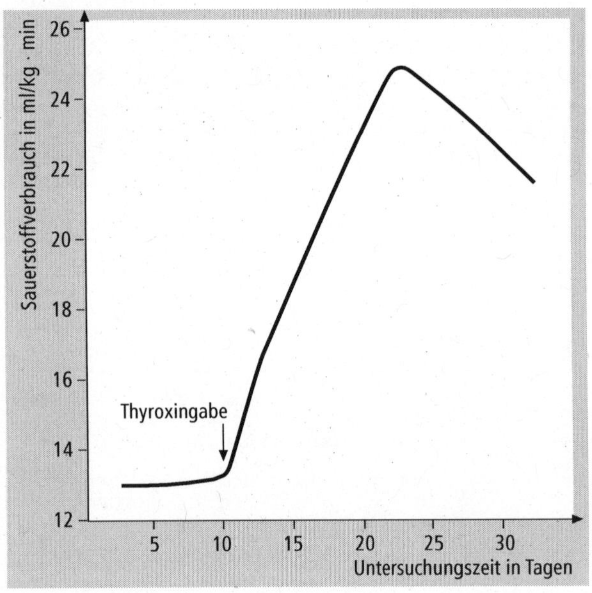

④ Veränderung des Phänotyps durch die BASEDOWsche Krankheit

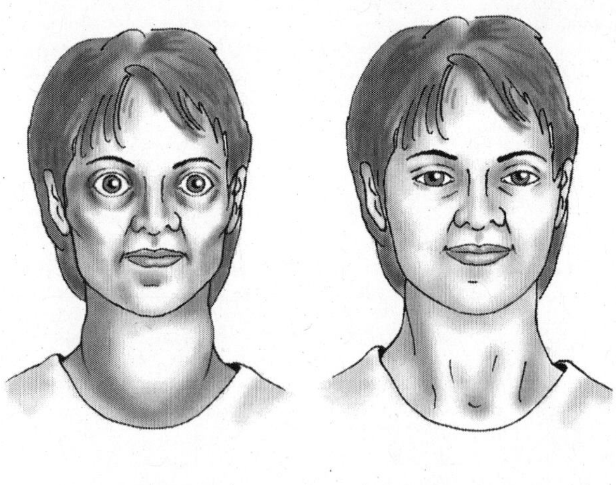

kranke Person gesunde Person

Aufgaben:

1. Kennzeichnen Sie die auf eine Störung des Energiestoffwechsels hinweisenden Symptome. Erklären Sie, warum es sich bei der BASEDOWschen Krankheit um eine Störung des Energiestoffwechsels handelt.
2. Berechnen Sie mithilfe des respiratorischen Quotienten und des Energieäquivalents des Sauerstoffs den Grundumsatz (in kJ/kg/h) der beiden Personen. Vergleichen Sie die Werte.
3. Werten Sie die Grafik aus. Skizzieren Sie unter Berücksichtigung des Erschließungsfeldes „Regulation" den Zusammenhang zwischen den verschiedenen Befunden.
4. Erläutern Sie anhand dieses Beispiels die Bedeutung des Tierversuchs für die Ermittlung des Zusammenhangs von Energieumsatz und medizinischer Diagnostik.